AQUARIUS

AQUARIUS

AQUARIUS

AQUARIUS

後青春 Restart

後青春，更超越青春。
從心理、健康、照護，到尊嚴的告別，
我們重新啟動一個美好的人生後半場。

蔡佳芬（臺北榮總老年精神科主任）著

【推薦序】

學習照顧父母，是一輩子的功課

朱為民（臺中榮總老年醫學、安寧緩和主治醫師）

我是一個老年醫學與安寧緩和專科醫師，在我每天門診、住院照顧的病患中，十之八九是超過六十五歲以上的老年人。台灣也在二〇一八年，大於六十五歲的老年人口正式超過百分之十四，進入高齡社會。預計在二〇二六年，老年人口即將超過百分之二十，進入「超高齡社會」。在這樣的高齡時代，我一直認為，每一個人，都應該學習如何與老年人相處；而若是已經上了年紀的人，也應該要重新學習和年輕人相處的方式。

說說前幾年在嘉義遇到的一個故事吧。

黃奶奶七十八歲了，是一位退休的國小老師，最近因為體力衰弱，常常胃脹氣，住到醫院來檢查。過了幾天，她的主治醫師會診我。我接到的會診單上，寫著「七十八歲女性，胃癌末期，食欲不振、虛弱。家屬期待採安寧照護，家屬希望隱病情。」

接到會診單，我就去黃奶奶的病房看她。兩個女兒很擔心地坐在床邊，我先自我介紹，「奶奶好，我是醫院症狀控制小組的朱醫生，您的主治醫師請我來看看您。」

病人家屬要「隱病情」，我也只好隱瞞身分，像演諜報片。

「好什麼好！一點都不好！唉唷……」奶奶雖然住院，嗓門還是挺大。一見到我，就跟我抱怨，「朱醫師，你們這麼大的醫院怎麼這樣？我都住進來一個禮拜了，怎麼病況不見起色呢？」奶奶一臉倦容，滿臉不開心。

癌症當然沒這麼容易好，但是又不能說，我只好說：「奶奶，很不舒服喔？那張醫生怎麼說？」

「張醫生也沒說什麼啊，都說要再看看、觀察觀察，我都住得快要長繭了。我好想回家。醫生，我跟你說，我以前身體很好，什麼病都沒有，從來不吃藥。怎麼會這一次搞了幾個禮拜都找不出毛病呢？虧我還很信任你們醫院！」奶奶越說越氣。

我看看坐在她旁邊的兩個女兒，大女兒跟我微微搖搖頭，暗示我不要說太多。

「好啦！奶奶，我會再跟張醫師討論一下。盡量用藥物，讓你不要太不舒服，好不好？」

奶奶只好很無奈地點點頭，聳了聳肩。我觀察到，我在病房的時候，奶奶與兩個女兒，幾乎都沒有交談，甚至連眼神交流都沒有。

不久後，我請兩個女兒到會議室討論，我很直接地說：「妳們沒有考慮要告訴媽媽事實嗎？她看起來很擔心。」

兩個女兒同時搖頭，小女兒說：「醫生，媽媽之前很健康的，沒想到一診斷就這麼嚴重，我們怕告訴她，她沒辦法接受，會情緒低落的！我們只希望你可以幫忙，讓她最後這一段路都是開開心心的……」

我反問她們，「可是，現在沒有告訴她真相，她有比較開心嗎？如果妳是她，妳會希望知道自己的病情嗎？」

大女兒說：「如果我是她，我當然希望知道啊！但是現在狀況不一樣啊，她年紀這麼大了，如果一蹶不振，那該怎麼辦……」

她們一直跟我訴說身為女兒的擔心。我只能點點頭，心裡搖搖頭。

這是一個幾乎每個月都會遇到的場景，無獨有偶，最近還拍出了一部電影《別告訴她》。故事如出一轍，老奶奶被診斷肺癌末期，全家人都擔心她會意志消沉，於是，「別告訴她」。

我想討論的，不是「隱瞞病情」這件事，而是從這個故事中，我們可以反思：我們與長輩的關係，是怎樣的？我們與上一代的溝通，有順暢嗎？我們真的了解老年人的身心需求嗎？我們是不是問過我們的親人，「你想要什麼？」

蔡醫師在書裡第一篇說的一句話，讓我非常有感：「你給的，是他『需要』的，但不是他『想要』的。」我們對於長輩的那些看似善意的行為和舉動，是不是只是一廂情願的，以愛為名的支配？

也許你會問：「可是我們兩代之間的溝通，一直都這樣啊。是要怎麼改變？」

那我會非常建議，好好看看這本書。

我跟蔡佳芬醫師認識超過十年以上了。二〇〇七年那個時候，她是臺北榮總老年精神

科的研究醫師，而我是傻傻的實習醫師。儘管如此，佳芬醫師卻依然不吝地把照顧老年人心理與生理的知識，統統傾囊相授。那時，團隊會議常常討論到很晚，都在討論如何讓高齡的病人和家屬生活品質，可以進一步提升的方法。對於只是剛進入臨床醫學之門的我來說，在北榮精神部的那一個月，讓我大開眼界，也種下了未來投身於老年人照顧的種子。

身為後輩，當時就對佳芬醫師印象深刻。但是這十年來，看到佳芬醫師在老年精神醫學不停地努力，實在讓我真心佩服。研究與實務兼具的臨床經驗，讓她成為我在照顧老年人上常常請教與借鏡的對象。

照顧老年人是我們這一代人都要學習的功課。我們不僅要照顧老人家的身體，同時也更需要照顧老年人的心理和情緒。因為，當我們有一天老了，我們也會希望自己是被這樣照顧著，不是嗎？

誠摯向大家推薦這本書。

【自序】

選擇

編輯純玲小姐問我，「妳為何會選擇當一個老年精神科醫師？」

許多前來採訪的朋友或年輕的見／實習醫師，都曾經問過這一題。

就讓我老實地向各位報告。在我完成基本專科訓練，通過執照考試過後的某個下午，為著某個小小的公務，與當時身為台灣老年精神醫學會理事長的黃正平醫師碰面。閒聊中，他問我未來生涯規劃如何。當時才剛剛考過專科執照，其實尚未認真仔細想過之後要做什麼。他老人家一句：「不排斥的話，可以考慮來接受老年精神醫學次專科的訓練。」

我點點頭，沒想到，就這樣開始了。

說起來，這過程，一點都不特別，我曾回答過記者朋友們許多次，可能就是太不有趣，也不勵志，所以老是被問了再問。

前些日子，在網路上讀到一篇舊文章，深有感觸。文章中提到普立茲獎得主，美國詩人羅伯特・佛洛斯特（Robert Fros，一八七四——一九六三）的詩作〈未走之路〉（The Road Not Taken）在美國廣為流傳，相當受到歡迎。但許多喜愛這首詩的人，卻也常誤解了詩的意思，以為這是一首肯定自我選擇的詩作。其實原意想表達的是，在有著無法兩條皆嘗試的分岔路口，隨意地選了一條人少的路走，然而這個選擇，造就了改變，開啟了後繼的旅程。

詩的最末段是這樣寫的：

Two roads diverged in a wood, and I-
I took the one less traveled by
And that has made all the difference.
黃葉林間岔出兩條小路，而我——
我選擇了人煙稀少的那條

往後的一切就此不同(註)

編輯純玲小姐又問我，妳的自我介紹要寫什麼。我回覆道，請務必寫上這一句：「步入中年的老年精神科醫師」。

這段仍然還在繼續中的旅程，起初是向師長們學習，或者是閱讀新穎的學術期刊，想要知道該如何應用各種方法來治療病患，幫助個案和他們的親屬。隨著我自已的年齡增長，我開始能用更真實、同理的內容來與彼此互動。大談老花眼鏡要不要變焦、抬頭紋要不要打肉毒、黑白夾雜的髮絲要不要染色。也漸漸體會到，從病患和他們的照顧者身上，我獲得的是更多臨床實驗都不能完全取代的珍寶。這之中有學習，有激勵，也有儆醒。那些智慧與創意，是教科書中沒有書寫的章節。那些奇蹟與異事，讓我敬畏人有所未知，仍多有盼望。那些嘆息與淚水，也讓我反思，如何在未老之時，就開始改變。

每個老年人都是從中年人變化而成的，我也在練習變老，希望能更有勇氣。

註：中譯引自《未走之路——是美國精神的代表，也是被誤解最深的世界名詩，一探普立茲獎詩人佛洛斯特傑作背後的難解之謎》，大衛・奧爾著，陳湘陽譯，麥田出版。

目錄

輯二

身為父母

需要學習如何適當地表達自己的需要，

如何說出內心需要協助的想法，不管是外在的或是內在的需求

輯一

身為子女

在父母將問題丟過來時，試著體察上一輩的變化，了解他們行為背後的原因

「為什麼不管我怎麼做，我媽都不滿意？」

「醫生說我蛋白質不夠……」曾伯伯開始抱怨。

「蛋白質就是要多吃肉。我多買些牛肉跟魚，平常可以多吃點。」諸森也覺得老爸營養不夠，想多煮些肉來給他補一補。

「肉跟魚都有一種腥味，我不喜歡。」曾伯伯立刻打槍。

「不然我買鮮奶給你，鮮奶也有乳蛋白，多少補充一些。」諸森曉得老爸的脾氣，只好再換個方法。

「我喝牛奶會拉肚子。」曾伯伯再開一槍。

「那我去買〇〇牌的高蛋白營養品，一瓶裡面的蛋白質含量可以抵好幾餐了。」諸森從營養師那裡拿了幾張衛教單，上面標註得很清楚。

「我聽說那種東西很難喝，都是插鼻胃管的人才吃那個。我才不要。」曾伯伯這個也不要，那個也不要。

諸森嘆了一口氣。

為什麼不管怎麼做，老爸都不滿意呢？

「擔心他走不穩會跌倒，衝過去扶著他的手，他卻說我動作粗魯，拽得他胳膊痛。」「他半夜常常需要起來上廁所，我請外籍看護小心地跟著。他卻說我派人監視他，害他活得不自由。」

你是否也曾聽過上述這些話。明明自己就費盡心思，甚至花費大筆金錢，想要讓長輩獲得更好的照顧，但卻換來批評與抱怨？

子女聽在心裡，滿腹辛酸、委屈，甚至是憤怒不已。子女不明瞭到底是哪裡有問題，為什麼父母就是不滿意，難道是故意找碴來折磨人？

讓我們稍微了解一下，「為什麼我怎麼做，他都不滿意？」

可能一：你給的，是他「需要」的，但不是他「想要」的

夏子奶奶八十多歲了，視力不佳外，還罹患退化性關節炎與糖尿病，雖然推著助行器可以勉強移動，但是仍有著跌倒的風險。她平日與兒子一家人同住。

某日，夏子奶奶在家中昏厥，里長正巧來家中拜訪而發現，緊急送醫後，醫師說可能是進食不規則，低血糖導致的。

夏子奶奶的兒子和媳婦白天需要外出工作，孫子也在外地就學，考量她一人獨自留在家中，倘若有意外狀況，恐怕再度面臨危險，於是先安排奶奶到住家附近的日照中心。原本期待每週一到週五白天，夏子奶奶可以有規則的活動與進餐，晚上與假日，再由親人協助照護。

結果奶奶先是抱怨日照中心的食物，她不喜歡，接著又說自己的個性內向，不習慣跟著團體一起活動，最後她乾脆拒絕前往。中心只好結案。

兒子接著申請外籍看護來陪伴、照顧夏子奶奶。沒想到，看護才來一個月，奶奶就極力反對繼續聘用，說是看護聽不懂國、台語，或說這樣花費太多金錢，又說不習慣有外人同住，再者，就是家中的空間本來就不大，這樣孫子回家只能睡在沙發上。

奶奶每天嫌東嫌西，外籍看護也向仲介公司訴苦，兒子無奈，只好停止聘用外籍看護。

這兩個方法都不行，兒子改為向長照中心申請居家服務員前來協助，心想至少要能確保服藥與進餐的規則性。經由照顧專員評估後，運氣不錯地獲派年輕的本國籍居家照顧服務員到府。

結果，夏子奶奶還是不滿意。倘若居服員動作快，她就說對方只想草草了事，快快回家。若居服員待得久一些，她又說對方一定是經驗不足，沒效率。甚至連對方太年輕都能抱怨。說溝通不來，聊不上兩句。

夏子奶奶的兒子也快六十歲了，他不解地問：「醫師，我媽是不是得了一種『愛抱怨』的病？無論我怎麼做，她都不滿意。我該怎麼辦？」

我一邊安慰他，一邊接著說：「我猜想，奶奶上回昏倒後，恐怕覺得自己不知道何時會再發生這種事，所以有種強烈的不安感。**她想要的或許不是這些正確的照護處置。如果是你們不在，她就會害怕的話。她希望的，可能是你常常在身邊。**」

我跟夏子奶奶的兒子，討論了可能的做法：

方法一：試著每日趁午休時撥電話回家。

方法二：在家中裝設可看見彼此影像的監視系統，教導夏子奶奶緊急時可按求救鈕，或是通話鈕。

方法三：再搭配居家照顧服務員的訪視。

最後，終於慢慢改善這個情況。

正如同我們養育下一代，如果過度忙於工作，疏於陪伴，即便是能提供孩子富裕的環境、昂貴的才藝補習，但會不會也是換來對父母的不滿？

有時，我們會直覺地以自己認為好的方式來照顧對方，以自己認為對的方式來愛對方，著重這些外表上看似重要且必須的，但卻忽略了內在的需求與感受。

可能二：「老」羞成怒，這是面子問題

翰林伯已經九十歲了，他的獨生女兒遠嫁外國。在太太過世後，原本身體硬朗的他，自己獨居了一段時間。

但在上個月，翰林伯夜半如廁時，在家中跌倒，大腿骨折，所幸鄰居聽到聲響，

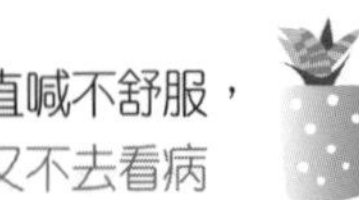

呼叫救護車將他送醫。後來翰林伯接受開刀，住院數週。

出院後，女兒安排他入住堪稱高檔的銀髮安養中心。女兒還買妥各式復健器材，備齊了各家營養品，就是希望能讓翰林伯身體康復，在環境優美的地方頤養天年。

豈知住了三個禮拜，翰林伯卻因為適應不良，嚴重失眠而被安排前來看診。

接到安養中心通知的獨生女兒，也由國外趕回，陪同就醫，想了解到底是哪裡出了問題。

翰林伯首先抱怨晚上睡覺時，中心不准他把廁所的燈光完全關掉，害他有光害，睡不好，但這其實是因為翰林伯晚上堅持起床如廁，照顧人員擔心若沒有光線引導，視線不良，翰林伯容易跌倒、受傷。

接著，翰林伯又抱怨廚房將他的飯菜切得碎碎的，「像給豬吃的一樣」。原來是照顧員發現翰林伯的牙口不好，常常會將無法吞食的菜留下不吃，因此體重偏輕，所以才準備細碎飲食。

仔細聽聽翰林伯說的話，他不斷強調自己「各方面都沒問題」，堅持「凡事都可以自己來」。

我想，癥結點可能就在他「不想服老」，不肯承認自己「需要協助」，所以對於那些幫助他的舉動，多以抱怨挑剔的方式來抵抗。

這種情形，其實並不少見。**我建議在處理時，需要適當地維護翰林伯的尊嚴，對於他的失能及退化輕描淡寫地帶過，然後巧妙地強調這些作為的好處或是必要之處，甚至編個他比較能接受的理由，來讓長輩逐漸適應新的生活。**

舉例來說，可以對翰林伯說明，燈光是統一控制，規定都要開著，每間房都一樣，但或許可以為他換個光線較柔和的燈泡。

而飲食是營養師特製的，因為是女兒特別拜託的，為的是給他補身體，好讓他的骨頭早點長好等等。

這些抱怨，其實有時候是長輩們對自己老化、退化的怨嘆，如果子女能給予傾聽、支持，幫長輩找個適當的下台階，就能協助長輩逐漸地接受自己身心的改變。

可能三：妄想作祟，講道理是沒用的

馮老從軍中退伍後，五十歲才經由相親結婚生了三個女兒。可惜太太年輕時就因

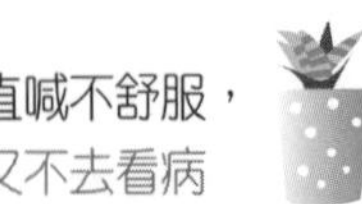

車禍過世了，所幸三姊妹順利成長，並且事父至孝。

馮老伯伯晚年中風，後來又罹患了失智症。由於有吞嚥障礙的情況，需要特別製備食物，三姊妹都是輪班烹煮營養又好吞食的餐點給父親吃，不假手他人。馮老爹個性耿直，就是脾氣差了點，三姊妹都是婉言相勸。

某次回診時，三姊妹以眼神暗示我有話要說，於是，我請護理師將馮老支開去量血壓。

「醫師，我爸最近越來越難照顧，我們怎麼做都被罵。我們三姊妹為了照顧他，時常請假，也不敢去找全時的工作。我們自認為已經很盡力了，心理壓力很大，是不是也該要來看妳的門診？」

「妳們照顧父親真的非常仔細。到底是發生什麼狀況呢？」

「醫師，您也知道我爸不太能吃硬的東西，所以我們都會把飯菜燉煮得很軟爛。

「但他最近一直抱怨食物裡有渣渣，使得他吞不下去，說我這樣就是要謀害他。可是我用筷子撥開來檢查，什麼渣都沒有啊。他那一餐就生氣到不肯吃。

「我想這樣下去不行，昨天我特別熬了魚湯，然後用濾網撈了一遍又一遍，確定都沒有任何渣渣，才端給他喝。沒想到他喝了一口，就破口大罵，說有渣渣，說我想害他噎死。

「最令我想不通的是，我們煮的，他說有問題。帶他出門，去逛逛便利商店，買些微波食品，他卻吃得津津有味。」

女兒們邊說邊流淚，實在好委屈。

馮老恐怕是出現了失智症中的「被害妄想」，認為女兒們想害他，且認為食物可能被下毒，對食物充滿疑心，所以不論女兒們怎麼費心，都沒有用。

而微波食品是真空密封包裝，通常此類病患會認為這種比較安全，比較能放心食用。

聽了我的說明，三姊妹恍然大悟，終於了解**並非是老爸爸挑剔，也不是自己廚藝有問題，而是失智的症狀所導致。**

後來調整藥物，控制妄想。馮老的症狀減輕，全家又能和樂相處。

可能四：做到流汗，嫌到流涎，問題是他需不需要

大東因為罹患小兒麻痺，所以，從幼年起父母就最為關心他，他也打定主意不婚

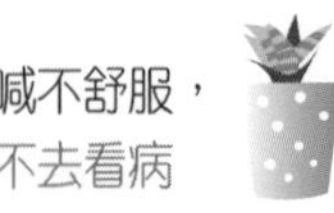

不生，要和雙親生活在一起。大東另外有三位手足，都已成家並且住在外地。大東的雙親過了七十大壽後，便開始出現明顯的老化現象。

大東非常擔心，他在心中暗自許願，一定要照顧好父母。

家中原本是母親掌廚，烹煮三餐，大東主動要求進廚房幫忙，可是洗菜被嫌不乾淨，下麵被嫌煮過頭。

大東的老爸平日最愛在外趴趴走，找朋友聊天，大東開始跟前跟後，老爸嫌他煩人。

有回老爸晚了點回家，大東到處打電話找人，差點就要報警協尋，老爸氣到說他小題大作。

大東很氣餒，他撥電話向兄長訴苦，抱怨自己盡心盡力，老爸老媽卻都不滿意。

大哥聽了，微笑地回應：「這不就跟你一樣嗎？小時候，因為你行動上跟其他人不同，爸媽擔心你上下學不方便，於是每天都去校門口接你放學。結果你吵著說你沒問題，要跟大家一起坐校車回家。爸媽擔心你被別人嘲笑，於是拿了醫院的診斷書，到學校去找老師商量，想讓你免上體育課，結果你抱怨他們太雞婆，最後你的體育課還拿全勤。就連你都找到工作了，他們還像偵探一般，假扮顧客在角落觀察，等被你識破後，你嚷嚷這樣很沒面子。」

大東被老哥一點，幡然醒悟。自己雖然是一片善念，想回報父母，但卻也像當年的父母一樣，關愛有餘，擔憂過頭，且矯枉過正了。

我建議大東，應該在父母能力不足之處，進行協助，而不是什麼都不讓他們做，這樣反而會讓父母的身體功能退化加速。

子女不妨試試讓長輩知道自己能提供怎樣的協助，再請他們有需要時，不吝提出，或許就能讓關係輕鬆些，彼此互助，生活更自在。

可能五：不是你不好，是他心情不好

應該有不少人有這種經驗。你像往常一樣進辦公室上班，也像往常一樣工作，但今天老闆好像吃到炸藥，不停亂開炮。

你看大家冒汗，襯衫濕，於是拿起遙控器，調降冷氣溫度。老闆卻碎念說才幾度就忍耐不了，這是浪費電。

你轉頭，改打開電風扇吹。老闆又說這樣噪音太大，風吹得文件到處跑。辦公桌上的電話響了，你才晚了一秒接起，老闆罵你上班不專心，萬一是重要電話怎麼辦。而接聽顧客來電，你多講了兩句寒暄。老闆說事情講好就好，不要故意聊天殺時間。你把開會報告寄給全體與會者，老闆又碎念說電腦螢幕字太小，應該要印出來。你趕忙把紙本列印完成，老闆卻說誰要你印全彩的，這樣很浪費墨水錢。

連在開會中，你看老闆聲音沙啞，就順手倒杯水給他喝，卻被嫌矯情、拍馬屁。處處動輒得咎，你簡直想拍桌、辭職算了。

為什麼會這樣？其實有一種可能，無論你做什麼，他都不滿意，那就是他「心情不好」。

有不少的長輩在老年期罹患了憂鬱症，或是出現憂鬱情緒，但**他並不直接地說出自己「心情不好」，反而以「不耐煩、唱反調、雞蛋裡挑骨頭」的方式來呈現。**這種時候，不管你做了什麼，做得多好，你都可能踩到地雷，被炸得遍體鱗傷。

臨床上，常見與老年憂鬱症相關的身體疾病不少，常見的有中風（高達百分之五十的中風患者曾出現中風後憂鬱）、帕金森氏症（約百分之四十的患者會合併憂鬱症狀）、慢性阻塞性肺病、慢性疼痛的疾病（關節炎、腰背痛等）、癌症，使用免疫化學治療藥物或是類固醇類製劑等。

長輩可能是因為身體上的種種不舒適，情緒上的低落、憂鬱、不開心，從而出現行為上的煩躁不耐。

我建議可到老年精神科醫師處就診，透過藥物治療、心理治療、調整生活作息的職能治療等，這都可以改善情緒問題。

當一個人的心情愉悅起來，關係自然輕鬆、好相處，彼此的生活品質，也會大大改進。

若說，我們無法令世上所有的人都滿意，我想認同此話的人必定不少，只是這個不滿意的人可能是你的父母、親友或是長輩。

倘若不管怎樣做，都無法獲得父母的滿意時，請記得，最重要的是初心。好話一句，豈能盡如人意，但求無愧我心。

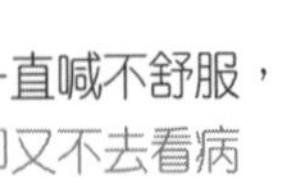

老是嚷著「不想活了」，怎麼辦？

身為一個老年精神科醫師，前來看診的長輩，年齡起跳就是六十五歲。隨著醫療技術進步，平均壽命延長，生活中遇見九十五歲以上的長輩，甚至過百歲的人瑞長輩，已經是我生活的日常。

有些人常把死亡掛在嘴邊。有的說：「我快死了。」有的說：「我活太久了。」又或是說：「我不想活了。」雖然這些話聽起來很相似，但卻可能代表不同的意思。

說。

活太久了?!

「哎呀，醫師啊，我恐怕下次就見不到妳啦……」甄伯伯緩步進門，中氣十足地說。

「甄伯伯，怎麼了呢？」我問。

「我想我已經九十九歲，大概快要死了。」甄伯伯不時就會提到這句話。

「哎，我的老伴早就過世了，朋友也都走得差不多啦，也該輪到我了，說不定我下次門診沒來，就是已經死掉了。」

雖然甄伯伯兒女孝順，生活無虞，但是太太早幾年前已經先走一步，最近幾個老朋友不是過世，就是搬到安養院去了，甄伯伯總是覺得有些寂寞。

「所以，醫生啊。有件事，妳能不能幫忙？」甄伯伯不等我接話，繼續說。

「什麼事啊？您說看看。」我答。

「我好老了。我活太久啦。妳有沒有那種藥，吃了就睡著，永遠不會醒，就當做善事，給我開一點，好不好？」

甄伯伯說這話的時候，表情有點煩躁。

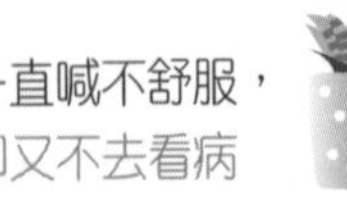

看我露出苦笑的表情，又立刻替我緩頰。

「我知道醫師妳沒有那種藥啦。」甄伯伯腦筋清楚得很。

我們接著針對死亡，對話了幾句。

甄伯伯知道這是一個人的末班旅程，而我能做的，是陪伴他繼續往終點走。

「那妳記得幫我預約掛號。我下個月還要來看妳。」

甄伯伯戴起他拉風的太陽眼鏡。深怕我沒給他掛號，擺出千交代萬交代的態勢。

沒辦法把生死看得那麼開，不是種錯誤

「我不怕死。我寧可死一死，也不要增加別人的負擔。」

雖然有許多長輩口頭上都會這麼說，但隨著年紀增長，身體衰老，他們難道就真的想早點解脫嗎？

那些曾說什麼都不怕的人，等到真正臨老時，也可能還是會借助別人的幫忙活下去。從人類原有的生存本能來看，這是理所當然的，不能說這是軟弱，也不是膽小，這是求生欲望與死亡焦慮交互作用的結果。

沒辦法把生死看得那麼開，並不是種錯誤。

佐野洋子在《沒有神也沒有佛》一書裡，曾寫道：「我想起朋友的九十七歲母親對我說過：『洋子，我已經活夠了，什麼時候死都無所謂。可是，不是今天也無妨。』」

生而為人，死亡是個困擾的議題。面對死亡，人可能會表現出無力和恐懼。雖然傳統文化不鼓勵我們去談論死亡，但並不意味著我們沒有意識到死亡這個事實。

不知何時，在人生的某一個時間點，人可能會開始意識到生命必然會走向死亡。死亡對於人來說，充滿未知和不確定。死後要去什麼地方？死後的世界會變成什麼樣？會在什麼時候死去？人的意識使得我們不僅能意識到凡人終有一死，還能意識到死亡的不確定性。當這些想法與生的本能混在一起出現時，便使人產生強烈的死亡焦慮。

一方面，我們知道自己肯定會走向死亡，那是那麼的令人恐懼和無助。另一方面，死亡又是那麼的神祕，令人焦慮不安，也沒有人告訴我們何時以及如何死亡，更不知道死後的世界如何。因此，**我們可能對死亡同時存有恐懼和焦慮**。過去的研究，將「死亡焦慮」定義為個體因意識到死亡的存在，或面對死亡而感到不安、憂慮和害怕

的狀態。

所以，**別苛求老人家坦率地面對死亡。怕死也是人性的一部分。**

面對那些「既不想賴活，又怕死亡」的長輩，你我都可以練習如何回應他們對於死亡的問話。

方法一：別避諱與老人家談論死亡

人一旦上了年紀，死亡隨時都可能來臨。抱持著自然開放的心情討論死亡的話題，有助於減輕死亡的焦慮，探索生命的價值與意義。

我們也可以透過這個互動的過程，審視自己的生死觀，彼此分享，坦然接受自己的脆弱與不安。

方法二：試著想像死亡

包括瀕死的過程、死後的儀式，規劃與安排那些尚未到來的事務。

方法三：試著回溯生命故事，重整生命中所扮演的角色

這些步驟將有助於將死亡角色（dying role）整合入個體的自我。協助人在面對死亡時，迎向內心的安詳寧靜。

快要死了?!

二〇一八年母親節前，媒體記者訪問名主持人綜藝大姐大藍心湄，應景地詢問讓她印象深刻的母女相處點滴。

她在訪問中提到，這幾年，藍媽媽讓她印象最深刻的事情，莫過於數年前，藍媽媽覺得自己「快要死了」，竟然默默一個人跑去醫院，要求醫師治療，還自掏腰包，表示要請看護來跟自己聊天。

藍心湄表示：「後來醫生也檢查不出任何嚴重的病症，我這才發現媽媽的身體根本沒生病。」她覺得**媽媽是因為「自覺沒有存在感」，才會生病。**「我們子女太獨立，再加上她跟爸爸的興趣不一樣，媽媽可能覺得不知道跟誰才有話講。」

看到這裡，是否你也心有戚戚焉？或是心中吶喊：「對對對，我家也是這樣。」

老媽媽打電話來，語氣虛弱地說：「我好像快要死了。」把你嚇得心跳加速，好像也快要掛了。等你驅車衝到老家，把她帶去看醫生。醫生診療過後，卻說都只是慢性疾病，目前報告指標都穩定，甚至醫師還說長輩的健康情形良好，三高的指數甚至

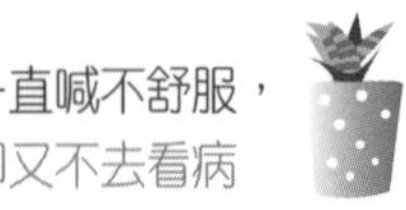

比你還標準。

長輩想要的，也許只是一個很普通的擁抱

根據報導，藍媽媽出院後，家裡很多事情開始以她為中心。無論要吃什麼、做什麼，都以她為主，後來藍媽媽就不藥而癒了。

有許多長輩說不出內心真正的想法，可能他想說的是：「我很想念你們，很希望孩子能常來看我，也很希望另一半能常常陪在我身邊！」但說出口的卻是：「我快要死了。」

但是這些「我快要死了」的話重複多了，可能會導致其他人反應疲乏，或者是因為不知道要怎麼應對，或者是怎麼應對都沒用，反而引發負向的情緒反應。親友的「看似不在乎」，又可能會拉大彼此間的距離，增強了「我快要死了」的反應。

因為他們內心深處，覺得沒人在乎他，那麼活著有什麼意義。他想要的，也許是個很普通的擁抱、一句很簡單的問候，或許**他想聽到的，不是醫生說你檢查都沒病，而是你告訴他：「我雖然要工作，沒辦法整天陪伴你，但是我還是很愛你。」**

不想活了?!

「我滿身是病。糖尿病、高血壓、心臟病、貧血，跌倒骨折才好沒多久，居然又被檢查出來乳癌，又是開刀，又是化療……」

賴阿嬤滿臉愁苦，不停地訴說自己的坎坷遭遇。

「真的很辛苦。」我安慰賴阿嬤。

「唉，現在是不像之前那樣，常常要去住院，但是每天光是吃的藥就有十幾種，看到就飽了。」

阿嬤的藥單的確落落長。我檢視了一遍，但每顆都是必要的。

「身體虛，出個遠門，也不方便。老是這裡痛，那裡不舒服的，什麼事都提不勁來。我實在是不想活了。」

「我們可以開車載妳啊，醫生也說要慢慢來，體力恢復沒有那麼快啦。」兒子在旁邊不停勸慰。

關上診間的門。兒子不解地詢問：「我媽媽之前面對兩個癌症治療，又是輸血，又是開刀，又是化學治療。住院那麼多次，過程那麼辛苦，她都撐過來了。現在腫瘤

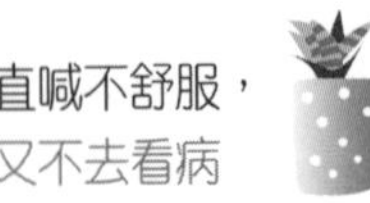

科醫師說病情穩定，一切都在控制中，為什麼她突然變得喪失鬥志，老是嚷嚷不想活了？」

我們關注長輩的病痛，卻忽略了他們的心情

賴阿嬤的情況，就像常言所說的「久病厭世」。**她想賜死的，其實不是她自己，而是那些病痛所帶來的苦。**

身體上的疾病，其實已經受到醫藥的控制，但心理卻已經受到影響，出現了情緒低落的現象。

對事物失去興趣，對生活提不起勁，甚至有死亡的念頭，這些都是憂鬱症的症狀。而隨著年齡增長，罹患各種疾病的機率也增加。

這些身體的疾病和治療的過程，帶來許多的不舒服，也帶來功能上的損壞，或是可能會留下某些長期的後遺症。

我們多半關注長輩在身體的病痛上面，只顧著搜尋最新資料，遍尋醫藥處方，反覆檢查，有時反而會忽略了長輩心情的變化。

過去的研究一再指出，慢性疾病、慢性疼痛、身體失能等，都與老年期出現憂鬱症有著密切的關聯，而憂鬱症是可以治療的。不管是抗憂鬱藥物、心理治療、呼吸放鬆訓練等等，都能改善一個人的心情。

在追蹤長輩身體病痛的同時，也別忘了他們的心理健康。除了叮嚀長輩按時吃藥、打針，也設法讓長輩放鬆情緒。例如，讓長輩多與親友談天、散步，不但能改善心情，對於身體的免疫力也有幫助。

迎接銀髮生活，學習與慢性疾病共處，適應老化的過程，是享有愉快老年的基本功課。

堅持不去精神科看病，怎麼辦？

「〇〇號，〇〇〇請進診間。」診間護理師親切地叫喚初診的新病人。

「今天來有什麼需要幫忙的地方嗎？」我端詳面前這位看起來憂心忡忡的女士，邊開口詢問。

「醫生，其實不是我要看。我不是病人，是我媽有狀況。」她回答。

「這樣啊，病人有來嗎？依照規定，必須親自診察本人才行哦。」

「醫生，真的很抱歉。我想帶她來，但是她都不肯。我不知道怎麼辦，只好掛自己的號，先來跟妳討論。」

高女士不停點頭、拜託，急得淚都要飆出來了。

上面這種情景，每個月總是會重複好幾次地出現在我的診間，我相信有不少的精神科醫師門診也有類似的經驗。

或許你發現自己的親友可能有精神、情緒問題或是失智等症狀，但不管怎麼勸說、哄騙、拜託，都難以撼動病患的抵抗，他們就是不願意來看精神科門診。

依照法規，醫師不能對於未曾親自診察的病患，給予診斷或是開立藥物。看著那些痛苦的家屬，我心裡雖然能了解，卻無法違規來協助。畢竟看病不能隔空抓藥，或是單憑想像。

之前有不少報章雜誌的記者前來採訪我，大家都有志一同地問，有沒有什麼方法，能勸病患就醫呢？

以下，我分享幾個方法，希望能對這類的長輩有幫助。

方法一：順水推舟

有時，我們正面勸說無效，就必須要找一些順水推舟的機會。因為老化的關係，長輩不免會有一些身體上的小病小痛，當這種狀況發生時，其實就是一個適當的時機點。

舉例來說，憂鬱症的個案，可能會出現胃口不佳、食欲差、體重下降或者是失眠、多夢等現象。**我們可以順著病人的抱怨，建議他們：「這種情況，應該要到醫院去看看醫生，說不定需要進一步的檢查。」**又或「我們可以聽聽看醫師有沒有什麼建議，能夠促進胃口，改善身體的健康，讓自己睡得好一點。」

再舉例來說，焦慮症、恐慌症的病人會出現胸悶、心悸，覺得自己喘不過氣來；手抖、冒冷汗，覺得自己好像快要死掉這樣的症狀。

當長輩向你抱怨這些不舒服時，我們就可以順著他的話，勸說他到門診去接受檢查或是治療。

只要病人願意進到醫療院所來，就達成一半的目標。

記得進入診間時，要向醫師打個暗號，套好招。有經驗的醫師，一聽到陪伴者開的

頭，就會有默契的點點頭，順勢安撫第一次來看診的長輩。

另一方面，醫師也會進行必要的身體檢查。因為對初診的個案來說，身體方面的檢查，也是鑑別診斷所必要的項目。

方法二：買一送一

有許多親友為了要協助長輩接受精神科的治療，都會採取「同時掛號」的方法，也就是向長輩表示：「我也睡不好，我有點緊張，不敢一個人去看，我們一起去看，你陪我。」

這個方法是成功率不錯的一個招式。一方面可以讓長輩覺得並不是只有他自己這樣，另一方面，也可以營造出看精神科沒什麼大不了。

時常，我在門診聽到的對話是：「我今天沒有要看喔，我是陪他來的。他說一個人不敢來，所以我才答應跟他一起來。」

對於比較不容易建立關係的病患，有時候我會先對親友進行問診的動作，並且讓他在一旁聆聽。在過程中，親友就可以把相關的症狀述說一遍。

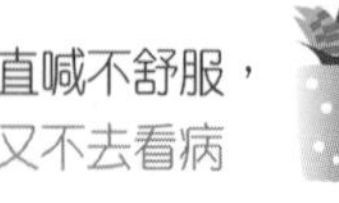

這過程有點像是網路上所謂鄉民常見的起手式，就是我有一個朋友他如何如何如何，但其實是在問自己的問題。一樣透過這種拐彎抹角的方式，先暖身，**等到時機成熟，醫師會鼓吹長輩：「既然都來了，就順便看一下。」或「排隊排了這麼久，等了好幾十分鐘，不看很可惜。」**

另外一個優點就是，**可以藉由這個過程，先消除長輩心中對於精神科或是精神治療的一些誤解。**

舉例來說，很多長輩認為憂鬱症的藥就是會上癮，或者認為藥物就是會傷肝、傷腎。親友可以藉機詢問醫師這些問題，好讓醫師有機會說明清楚。

之前某個病患天生就只有一個腎臟，於是非常擔心服用的藥物會有腎毒性，因此明明已經嚴重失眠，卻還是不敢就醫。恰巧她陪同另外一個親友來就診，聽到對方問我：「這個藥物會不會傷腎？」

我首先向對方說明：「腎臟功能可以透過抽血或是尿液檢驗來確保，還有就是現在的藥物有非常多不同的種類可以選擇，可以按照一個人的身體情況來避免比較有風險的副作用。藥物的盒子裡也都有一張說明書，裡面其實有詳細記載；例如腎功能不好的人，這個藥可不可以使用、要不要減量使用、有什麼禁忌，都會寫在上面。如果還擔心的話，可以到藥局窗口去做藥物諮詢。」

聽到這些說明之後，那位原本站在親戚、朋友身後的長輩突然說：「醫生，我也想加號，我也要看診。」

方法三：假傳聖旨

現在各地都有每年一度的老人健康檢查，這檢查時常都是熱門的項目。

現在的老人健康檢查內容，其實包含了兩個精神科的基本項目，一個是老年憂鬱症的篩檢，另外一個是失智症的篩檢。當然，也有一些自費的身體健康檢查項目。

這是一個很好的機會，可以勸說長輩，以關心他、維護他身體健康為理由，先進行一個全身性的健康檢查。

通常這些檢查結束之後，都會寄送一份檢查的報告單或者是書面的資料到家裡，裡面會標示紅色的字，是表示需要再做更進一步的檢查，或是建議個案到大型醫療院所，接受下一波的診察治療。

在我的門診裡，就有不少長輩是因為接受老人身體健康檢查之後，拿著這份報告

到門診來諮詢的。

又或是**親朋好友可以婉轉地利用幫忙長輩解讀報告的機會，試著說：「上面寫說你要到大醫院去做仔細檢查。」以這樣的方式來引導長輩就醫。**

方法四：轉轉遇見愛

許多長輩平日患有身體的慢性疾病，例如糖尿病、高血壓、攝護腺肥大等等，長年都在內科或是家庭醫學科的醫師門診進行追蹤。他們多半與原來的慢性病主治醫師，保持著長久且良好的信任關係。

當長輩出現精神或者是身心方面的困擾，但是又不願意前往精神科就醫時，可以**拜託這些與長輩有良好醫病關係的醫生們幫忙，請他們協助轉診，成功率會比親戚、朋友勸說，來得更高一些。**

許多前來老年精神科門診就醫的銀髮族朋友們常常告訴我：「是某醫師大力推薦我來看妳。」還說其實這位醫師已經勸他來看我很多次了。他想到醫師非常的關心他，又講了這麼多次，覺得不來，好像說不過去，才鼓起勇氣到精神科門診來就醫。

我非常感謝這些內、外科醫師。他們平日一定是對自己的老病人觀察得非常仔細，看出對方可能有精神科方面的困擾，才會不停勸說，因為他們希望病人能得到更專業的治療。

方法五：名人效應

長輩不去看精神科，有許多的成分都是因為汙名化的關係。

但隨著時代改變，長輩也會接觸到許多國內外新聞，因此，我不得不說，明星效應還是挺有影響力的。

我時常在演講中提到，以英國王子哈利為例，他曾經多次在公開場合中，承認自己在母親離世之後，有很長一段時間都有憂鬱症的困擾。他在接受了許多年的精神科治療之後，才慢慢地走出來。後來，哈利王子現身說法，鼓勵與他有相關困擾的人勇於求助，勇於接受治療。

像這樣一個不愁吃穿的皇家貴族，也會遭遇到人生各種無常的打擊，但是他也做了一個很好的示範。**哈利王子告訴大家，憂鬱症並不可恥，那是一種疾病，而疾病是可**

以治療的。

方法六：實話巧說

長輩對於醫學名詞或是疾病的理解，常受到個人教育程度或是文化背景的影響，而有些自己的堅持與解讀。

在協助他們看診時，我建議盡量使用他們能接受的觀念與名詞。在不說謊的原則下，巧妙地說明，有時候會有不錯的效果。舉例來說，有些長輩不能接受自己要去看「失智症」，卻能接受自己是「腦退化，記憶不好」，而接受治療，就可以「顧腦」。

長輩無法理解「血管性失智症」，但能接受「腦部小中風，需要治療」。他們不容易想像「抗憂鬱劑」的藥理、原理，卻能接受「調整腦部內分泌」的觀念。所以，我們應當多加嘗試不同的說法，找到長輩能接受的方式，協助他們就醫，或是接受適當的治療。

為了減少長輩到精神科就醫的障礙，精神醫學界也做了許多努力。有些醫院故意不用「精神科」三字，而改成「身心科」。有些醫療院所則是開立老年精神科門診，強調「老年」兩字，表示是為長輩設立。另外，也有醫療院所開設睡眠特別門診、記憶特別門診、失智特別門診等。在大型的醫院裡，也設有「整合門診」，裡面包含與精神科整合的門診。

建議在掛號看診前，先向各地方的醫療院所詢問，是否有上述的服務。除了這些拐著彎的善意，真正需要大家共同努力的，是我們能正視每個人的心理健康需求，了解精神醫學也是醫學裡不可分割的一部分。

完全的健康包括身心靈全面向，也不再以尋求精神科協助為忌諱。不忽視、不歧視，看精神科不需要解釋。

「恁麥擱卡啊！」老媽一直打電話到我上班的地方？

興國四十多歲了，在一家頗具知名度的公司擔任業務經理，除了拜訪客戶，同時也負責培訓新進公司的員工。他的姊妹都遠嫁到外地，而兩年前父親過世後，老家便只留下母親一人。

興國曾經提議讓母親搬過來和自己同住，但老媽媽不習慣與兒子、媳婦同住在一個屋簷下，也捨不得隔鄰的親朋好友。而且，也認為自己的身體大致健康，只有雙腳膝蓋受到退化性關節炎的影響，走路比較慢，走太久會疼痛之外，大部分的事情，她都還能自己來，於是決定現階段還是自己一個人住在老家。

起初，情況還算安穩，似乎也沒什麼大問題，但最近興國卻開始有了煩惱。

又生氣又愧疚

原來是興國在工作上的表現獲得高度肯定，更被公司拔擢，擔任分區主管，時常需要與總公司進行遠距的視訊會議，他的生活步調比以前更加緊湊、忙碌。

老媽媽卻常在上班時間打電話給他，內容多半是些不急迫的日常生活問題，例如家裡的燈管有點變黑，要不要換？嬸嬸打電話來邀約春季時，一起去參加「老人遊覽團」，那時候不知道天氣會不會太冷，是去好呢？還是不去好呢？最近胸口怪怪、悶悶的，可是最近才做過胃鏡，報告是說沒大礙，那麼，還要去看別的醫生嗎？

雖然公司有午休的時間，但是老媽媽總是想到就打，倘若不巧正在進行視訊會議，有時就會干擾到會議進行。興國迫不得已，掛斷來電，老媽媽卻以為是訊號不良，還會接著再打幾次。總是需要興國接起來後，匆忙拋下一句「我在開會」。老媽媽才曉得這時段不適合打電話。

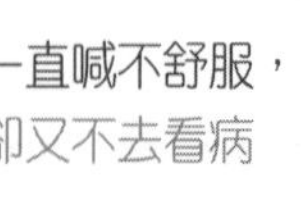

次數一多，就會讓興國覺得很困窘，畢竟跨國多方的電話會議因為自己而暫停，難免就會收到上司「關愛的眼神提醒」。

另一方面，興國身邊時常跟著實習的菜鳥員工，這也讓他覺得自己做了不良示範，覺得自己的形象與威信受損。

日子一久，興國的耐心越來越差。這天，公司總經理召開亞洲區視訊會議，無巧不巧，老媽又在上班時候打電話來問他，下個月清明節有要回老家嗎？

興國一時控制不住情緒，口氣不耐地回：「妳不要一直在我上班時候打電話來啦。」老媽媽慌忙掛斷電話。

等視訊會議結束，興國又覺得自己好像反應得太過分了，他為此覺得很沮喪。「我不是不想好好講電話啊。」「可是我在上班。」「為什麼不能等我下班再討論呢？」

先深呼吸一下，喘口氣，平靜一下心情。不妨假設將興國當作是我們的超級好朋友，讓我們來想像一下，什麼情況下，你可能會在好朋友上班的時間打電話給他？

可能一：父母忘記你現在正在上班

我這樣寫，或許會有許多人正在想，這是什麼瞎理由。今天又不是放假日，怎麼可能會忘記呢？但冷靜一點，回想我們自己，我們真的都沒有犯過這種錯誤嗎？

我曾經急急忙忙地傳訊給我的醫師同仁，焦急地交代他需要立刻辦理某某事務，結果，他很客氣地回我，他正在休假中。

那一剎那，我真想挖個地洞躲起來。我覺得太不好意思了，明明他休假去了，我怎麼會忘了呢？而且無巧不巧，我還是他的職務代理人，也就是說，他老早就告訴過我了，而且前一天對方還與我交班工作的事。那時，我還拍胸脯，請他放心，好好去玩，結果立刻被我忘光光。我只憑直覺就傳訊給他，打擾了對方的休假。

上了年紀之後，記憶力就會隨年齡有些許的退化，即使沒有罹患失智症，我們也會比年輕時來得更健忘。因此記不得適合打電話的時間，其實是很有可能的，如果細節又太瑣碎的話，更是難以記清楚。

再來，**長輩多數都已經退休，生活不再像在職時那般有規律，因此「時間感」也會變得薄弱。**就拿我自己來說，平日工作雖然繁忙，但節奏卻是很固定的，例如星期

幾看門診，幾點接送小孩，星期幾開會都是固定的行程。在上班時，幾乎無須思考就能反射性地答出今天是幾月幾日星期幾，哪個時間點有什麼固定的會議。但每回放長假，只要過個一兩天，我就會開始搞不清楚今夕是何夕。

長輩若是罹患失智症

倘若長輩罹患失智症，那麼情節就不只是偶爾打電話了。因為受到疾病的影響，他的記憶力退化了，不記得你何時返家，要不要回來吃飯，於是打個電話問問，即便你已經認真仔細地回答過，但電話一掛上，轉個身，他又忘了。於是他再拿起電話來，又再度撥了一次。

你又耐著性子再說了一次，以為這次講得夠清楚了，但情節彷彿影片倒帶重複播放一般。電話掛上，轉個身，還是又忘了。

這種症狀，在失智者身上，稱之為「重複行為」，是很常見的，所以為失智者的照顧者帶來不少困擾。有時候難以阻止，即使不接電話也沒用，失智者還是會一直打來。而接了電話，不停地說明也沒用，因為說過即忘。

我建議可以嘗試以下做法：

方法一：「王菲式省話回答模式」

例如，將手機轉成靜音來電或震動模式，若顯示為失智者來電，你接通後，簡短回答「好」、「會」或是「晚上」等簡易的字句，然後結束通話。

方法二：倘若當時的情境，你不方便多說，你甚至可考慮「接聽，但不回話」的模式

例如，待失智者述說完，你輕輕應個聲，或簡短回個「好」，然後結束通話。因為此狀況下，通話的目的主要在於安撫失智者，而非說明事理。

可能二：父母真心地認為不過就是上個班，接個電話應該沒有關係吧？

每個人的想法多半根源於自己的生命經驗。有些工作在時間上較為彈性，可以讓一個正在工作的人，隨意地接聽電話。或許長輩搞不清楚你的工作類型，或者是無法想像你的工作無法隨身帶著手機，或是無法容許隨意被打斷。

舉例來說，外子曾於多年前參與ＳＡＲＳ病患的照顧工作。為了避免被病毒傳播，院方進行嚴格的感染控制。進入隔離病房值班前，不只是需要進行消毒，穿上隔

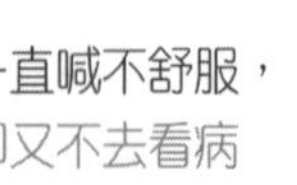

離衣物，外子連手機都鎖在置物櫃中。

試想，全身穿著隔離衣、戴著頭套與眼罩，要怎麼使用手機？當時便曾發生，不知情的親友，因好幾日完全無法聯絡上外子，而致電給我的事。當我委婉說明後，親友才恍然大悟。

一樣地，當外科醫師正在進行手術，工程師於無塵室中操作機器，消防員執行某些危險勤務等，其實有許多情況都可能無法接聽電話。隨著世代改變，職業的內容也跟著轉變，長輩們卻不見得了解。

可能三：父母就是想確認你有在上班

「喂，是阿信嗎？」

「是我，對啦。有蝦咪代誌？」

「毋啦，毋蝦咪特別啦，我是卡看麥，看你有滴哩尚班毋啦。」

看到這裡，你可能會臉上出現三條線，或是半空中有幾隻烏鴉飛過去。我明明就在上班啊。你先別氣，換個角色來想像一下。當你一個人孤獨在家，是否曾想過要打電話給另一半，雖然明明知道他現在正在上班，但你還是想打個電話。

「喂，找我有事？」

「哦，也沒有什麼事啦。你現在在做什麼？」

「上班啊。」

「哦，那沒事了。好好上班。再見。」

當這一段對話出現在伴侶之間時，我們似乎覺得很平常，甚至有點甜蜜，因為那是有個人在關心自己的感覺。

不只是情人關係，**有時候，我們對於重要的人，也會出現那種明知沒事，卻無法放心的擔憂。會想要知道他安好，會想要知道他正一如往常。**

有許多職業婦女，在上班時將孩子送到托嬰中心，但心中難免掛念。明明知道有專業人員在照料，但還是會想知道，孩子午睡還好嗎？是否一直哭鬧？昨晚有點著涼，今天不知道活力如何？所以有的幼兒園或托育中心，便加裝了遠端監視系統，讓父母可以透過手機，即時查看。

雖然世代互換，但這種心情是很相似的。

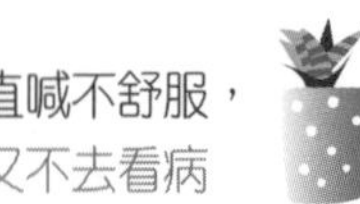

可能四：父母遇到外在或內在的困難需要幫助，而你就是父母的依靠

當我們遇到困難無法解決時，當然會想要對外求助，而可以想見的，長輩多半是打給自己的子女或親友。外在的困難顯而易見，容易獲得諒解與支持，例如身體不舒服，或是家中水管破裂等等。

身為醫事從業人員，我想有不少同仁都會心有所感地點點頭。上了年紀的長輩，難免會有些許病痛，一有不舒服，就可能會來電諮詢。

「我昨天去看醫生，醫生說要吃三包。我想只吃一包，可不可以？」

「今天早上去公園散步時，我好像扭到腳，這樣是要冰敷，還是要熱敷？」

「隔壁阿勝師說，他去台北看某某主任，症狀就有改善，那個醫生好不好掛？你去探聽一下。」

「你阿姨說白內障要開刀，問你要裝健保的，還是要裝自費的？有什麼差？會不會花很多錢？」

所幸這類型的困難多半都是突發的，只要事情解決了，很少會一打再打。但是**有一種特殊的症狀，就可能造成長輩一再地撥電話求救，醫學上稱之為「恐慌症」**，又常

被泛稱為「自律神經失調」。

當個案恐慌發作時，會莫名其妙地經歷到一種突然的緊張、焦慮。他們通常在幾分鐘內，會變得非常焦躁，有時會同時出現心悸、冒冷汗、身體發抖、畏寒或是發熱，他們甚至會覺得自己吸不到空氣，好像快要死掉了一般。

最麻煩的地方在於，恐慌症的發作是無法預期的。就算前一秒什麼事也沒有，下一秒還是有可能會突然不舒服起來，然後一陣子之後，症狀又自行消退。來無影去無蹤，見首不見尾。常讓罹患此病的長輩感到痛苦，就好像身體裡埋著一顆未爆彈一樣，嗶嗶聲響起來了，卻無法分辨這是假警報，還是真的快不行了。在不適感與死亡感的交迫下，許多長輩會驚慌地向親友求助，要求立即就醫。

這種疾病發生在長輩身上時，需要與心臟病、肺部疾病、低血糖、電解質不平衡等疾病來做鑑別、診斷，所以請記得找「老年精神科醫師」專業諮詢。

一旦排除身體疾患，確診為「恐慌症」，那就需要專業的藥物治療，或是非藥物的生理回饋治療、心理治療等。多數的個案均能治療成功，大幅改善雙方的生活品質。

可能五：雖然這種機率比較低，但的確還有一種可能，就是這電話是「有意」打的

想想看，有什麼情況，我們會明知對方在上班，卻仍然打電話給他？例如，「平時找不著，上班時間比較好找」。這在以血汗著稱的醫院裡，可說是時常發生的事。

試想，一個忙碌的外科住院醫師，開刀時無法接聽電話，回到家又多半是日落月升之時，想到對方已經如此勞累，就不忍在晚上的休息時間打擾。那麼，到底哪一個時間比較適合呢？想來想去，就有可能選在對方午休時間，又或者是剛開始要看門診的時候打電話過去。

你、我都需要想一想，是否生活過度忙碌，讓家人、朋友連打電話給你的時間都沒有？這種情況倘若惡化下去，甚至可能會出現「故意」打的電話，是一種想證明自己比你上班更重要的「不成熟心情」所導致的。

你可能聽過，有些孩童會以反叛行為來引起父母的關注，與其將這個行為標定為不成熟，或許要先來**讀懂那行為後面，渴望被另一人關注的心情**。

一、我們先正向、樂觀地思考，長輩能記住你的手機號碼，精準算好你的工作時間，然後找個還不錯的藉口打電話給你，**至少傳達出了他認知功能還不差這個好消息**。

二、同時，**這故意的行為也在提醒我們，他們的真正需求是否被聽見，是否被關注**。雖然，你真的很忙，你可能會說：「怎麼會這樣，難道我給他的還不夠多？我真的很關心他啊。」有時候，問題在於彼此的期待與解讀不同。

有些人期望「量」，有些人則是著重於「質」。明明努力加班了好久，買了嶄新的手機要送給媽媽，她卻期待你每日通勤回家、吃晚飯。

不論年紀，人都會渴求關注，然後貪心地希望別人用自己喜歡的方式來對待自己。討論質與量哪個重要，大概永遠都不會有個能讓所有人滿意的答案，建議別囿限於表象中，試著去體會彼此的心意。

要如何與長輩相處呢？我提供幾個心得與大家分享。

方法一：適時回應

要減輕長輩的不安全感，可以從「適當」回應來做起。這裡所指的適當包括，回應的時間點適當，也就是適時，以及回應的內容與長度適量。也就是**要主動地告知適合的聯絡時間，與適合的聯絡方式**。當時間允許時，便可多聊幾句，當狀況不宜時，便

簡短回應。如此一來，就能逐步「培養習慣，養成默契」。

讓長輩能得到你的關懷與幫助，也讓你能專心工作。不必要時，不會被中斷分心，但確保有重大事件時，還是可以聯絡上彼此。

例如，設定緊急代碼或暗號，有點像廁所或是病房裡設置的緊急求救鈴，這樣才能真的讓長輩「安心」。當他們心中有了安定的感覺，就不再需要時時接通的電話線來維繫。

方法二：善用科技

現在人手一機智慧型手機或是平板電腦，讓許多人事物都處於互聯的狀態。銀髮族也不例外，身為現代年輕人，不妨試試利用科技來促進「青銀關係」。

比如，利用臉書打卡，讓長輩得知你的現況，讓長輩不必太擔心。又例如**鼓勵長輩以傳簡訊、貼圖，取代上班時間打電話來，或是養成先傳訊問問現在是否方便通電話，等收到確定的回應後再撥電話。**

收到簡訊時，即便你無法立即回電，也可以先以預設的貼圖，或是簡單的字句回應，讓長輩知道你已收到訊息。

記得要參考「長輩圖」的設計，選擇上面有簡單文字，能清楚傳達訊息的貼圖，或許效果會比較好哦。

方法三：邀集親友，共組熱線你我他

有些長輩受限於視力退化，或是無法熟練地操作各式新穎的網路功能，所以還是有可能以打電話作為與你聯繫情感、交流互動的主要方式。這時候就要倚靠強大的親友團，共同組成熱線聯盟，守望相助。

讓長輩在無法與你即時通話時，能有第二或第三的選項，以減少他們的不安感。這道理就像是孩子入學時，學校會請家長們自行排序，多留幾支緊急聯絡電話。

有回孩子在學校發燒生病，校護試圖打電話聯絡排在第一順位的我，但卻無法成功。原來我誤將手機設成靜音模式，並且置於背包中，渾然不覺有數通未接來電。老師後來改為聯絡第二順位的外子，順利地傳達盡速帶孩子返家就醫的訊息。

打電話沒人接聽的焦慮，就像是一顆往外野打去的深遠滾地球，即便無法接殺成功，轉傳個幾手，只要最後能觸殺在壘包前，一樣能不失分地完成這局任務。

「可不可以不要一天到晚傳長輩圖啊？」

登登，手機發出聲響，有訊息LINE進來。

益宏正跟著老總，與客戶端開會，也同時用LINE和同仁保持即時聯繫，方便獲得補充資料的支援。益宏整個人神經緊繃，以為有重要內容進來，他迅速地瞄了手機螢幕一眼。糟，是張花花綠綠的貼圖。

原來是老媽傳來「早安 幸福滿滿 快樂每一天」。益宏看了看時間，大概是老媽已經把早晨的家事都做完了，開始坐在沙發上滑手機。

登登，登登，登登，老媽使出慣用的「三連LINE」。益宏一看，又是兩張問候圖「輕輕的問候最貼心 朋友的關心最感人」、「人生有福 健康是福 糊塗是福 奉獻是福」，再搭配一則健康衛教「吃彩色食物，遠離失智與心肌梗塞」。

會議緊鑼密鼓地進行，手機又發出聲響，益宏的心中焦躁了起來。

吼，偏偏在這個時候，益宏不方便打電話請老媽先別傳，於是他打字告訴老媽，現在時機不對，別傳LINE，老媽也沒在看。

益宏的手機依然登登登登登登登登登登登登登登……

長輩圖怎麼來的？

拜智慧型手機的普及，加上網路吃到飽的費用親民化之賜，老年人使用社群相關科技的門檻下降，過往不熟悉網路生態的長輩，成了網民大草原的新興族群。

許多長輩雖然對傳統的桌上型或是筆記型電腦不擅長，如今就直接跳階，熱衷於學習如何使用手機或是平板來上網。

使用手寫輸入，長輩們不需要學習中文輸入法，也無須背鍵盤。如今更是有了語音辨識輸入的功能，這對於視力退化的族群，是一大福音。

在台灣，社區開始為了銀髮族，推出各種長青課程，打著活到老，學到老，與孫子一起有話聊的招牌，長青電腦製圖班、老人學銀髮科技……都成了廣受歡迎的課程，而這裡，就是多數「長輩圖與它們的產地」。

教導銀髮族時，總是要考慮難易度，所以長輩圖的基本素材，通常會先是選擇一張風景照或是生活照，接著挑選喜歡的字句，將內容打字上去，再進行簡易的美術編輯，就能成為一張色彩繽紛的長輩圖。

門檻不高，耗時不久，又能有不錯的成就感，於是長輩圖就這樣源源不絕地被製造出來了。

長輩圖的內容

長輩在製圖，或是接收這些轉發圖片時，多傾向於選擇「正向」、「簡單直覺」的內容，例如山水、風景、花卉，或是可愛的圖片。

他們也很喜歡那種寒暄問候語，例如「早安！祝您有個美好的一天！」「天氣濕冷，記得加件衣服。」其實這很像過去社會在鄰里鄉間遇到時，彼此的相互問候，這或許也能讓長輩們消弭現在社會疏離，或是與家人分居所帶來的孤獨感。「呷飯未」、「愛穿衫哦」，這種平常且帶著善意的問候語，其實是他們對你的關心，他們可以從中感受到人際間的連結與歸屬感。

長輩們的另一種喜好則是類似格言佳句，例如「簡單中擁有，才最心安」、「平淡中相守才最珍貴」，**除了也是一種關心之外，也可能會讓他們有種當了良師益友的「成就感」，以及「分享的是智慧」的價值感。**

我LINE，所以我存在

對長輩來說，世界進步快速，其實會帶來一種自己可能會落伍的焦慮感，而科技演變快速，更是讓他們覺得自己被遠遠地拋在後頭。智慧型手機的發明，充滿直覺的使用方式、以AI來輔助人性的設計，讓他們可以在不知不覺中完成許多以前覺得不可能做到的事。

儘管你覺得他們只是發發圖、轉分享，但是對長輩來說，這讓他們覺得自己跟得上時代的腳步，讓他們覺得自己很「潮」，讓他們覺得自己還沒有那麼老。

最重要的是，能夠傳訊息給他們關心的人，讓他們覺得自己的存在還有一些意義感。他們在乎的不一定是你的回應，而是一種還能跟你，或者是與世界連結的歸屬感。

在發送成功的那一瞬間，長輩其實已經得到自己想要的回饋。如果他們還得到親友的回應或讚許，那是錦上添花，他們會更加開心。但若是沒有回應，他們多半也不會像年輕人一般，對「已讀不回」那麼耿耿於懷，通常他們還是照發不誤。

於是，定期發送LINE貼圖，就成了一種習慣。**你甚至可以從長輩發文的時間與頻率，推測他是否身體安好、有沒有出門，還是手機沒電……**

為什麼是LINE？

既然長輩圖都做出來了，接下來就是要能實地應用。在人人都上網，處處都有社群的世代，長輩們希望自己不只是袖手旁觀，他們希望自己也能「參一腳」。利用電子郵件將圖片寄出去，所需的步驟與過程較為複雜，不但得申請電子郵件、帳號，還得記得住密碼。

若是運用臉書或ＩＧ來分享，也得先擁有一個臉書或ＩＧ帳號，然後學習上傳照片，而有些長輩並不習慣讓許多人同時看到他所分享的訊息，而利用LINE傳長輩圖，不但執行的步驟很簡單，也很即時，而且製造出來的新圖片，馬上就能與親友分享，甚至當其他人也回以圖片時，很容易就能轉傳。

對長輩們來說，他們平常接觸的人際關係網絡中，最多的就是家人與親戚，所以長輩圖的第一線接收者，也就是長輩們的親友。

年輕人為何不愛長輩圖？

長輩圖會讓你心煩，有幾種可能。

一、發得太多

睡醒發，等公車發，等看醫生也發，有事發，沒事也發，可以說是至少照三餐發。

這部分，我想就算是年輕人發給你，就算不是發送長輩圖，當有人一直不停地傳

訊息來，你也可能會覺得很煩。

只是因為長輩退休後，空閒時間比較多，因而發送訊息的次數與頻率可能更高。**我建議將收到通知的訊息音關閉，以減少困擾。另外，也不需要立即回覆，只要有空時再回應即可。**

對於愛發長輩圖的家人，**我建議要提醒對方，若是緊急的事，就要直接打電話或是以其他的方法聯絡，以免重要的消息淹沒在茫茫圖海中。**

二、圖片太醜，不符合年輕人美學

長輩圖在年輕人的世界裡，變成一個戲謔的詞彙，因為世代的美學喜好不同，其中，最常被提到的就是字體。

年輕人覺得標楷體太過普通，可是長輩卻最喜歡用標楷體。其實那是因為已灌好的中文字型就是那些，而長輩不太會為此去上電腦課、花錢買字型。再者，當一個人老化時，對於清晰度較差的字型，會讓大腦覺得辨識不清，於是選來選去，就還是回到那幾款。

另外，長輩圖很常被拿出來Kuso的還有顏色。長輩最喜歡將五顏六色統統放上去，除了是因為色彩繽紛，覺得很「夠本」、很「澎湃」之外，他們也認為這樣比較「吉利」。

其實，**鮮豔且對比的顏色，比較能刺激大腦，因此容易獲得長輩的注意而受到選擇**，其實兒童也有相同的狀況，所以關於這一點，我得替長輩們說幾句話。其實美醜只是世代觀念不同，我們喜愛聽的流行歌曲，或許哪天也會被下一代嫌棄也說不定。

三、內容錯誤不實

最令年輕人難以忍受的，大概就是這種類型的長輩圖了。除了容易引起爭戰的政治問題之外，最常見的錯誤內容，其實是與健康觀念有關的長輩圖，「保健新知」類的長輩圖可以說是歷久不衰的排行榜常勝軍，畢竟這是銀髮族最關心的議題之一。

舉凡吃什麼可以改善骨頭，哪些東西有毒，不能吃，如果這樣、那樣就會罹癌，種種偽科學充斥在LINE群組中。

其實這也是醫師最頭痛的內容。每當有病友或是家屬又在門診詢問我哪些東西是否有效，人家說什麼什麼、對不對時，我幾乎就可以猜到最近的「流行」。

只要時間允許，我會不厭其煩地回答。只是等到說明到我喉嚨沙啞、疼痛時，我心中也不免吶喊，誰來幫我也發張長輩圖澄清一下啊。

或許是其他醫師也出現了類似的想法，因此，有神人網友寫出反謠言的LINE程式「美玉姨」。只要加入群組中，就能自動搜尋是否為假新聞或是訛言，進而闢謠。

不煩，不煩，長輩圖功用多

第一個好處：增加社交

已經有許許多多的研究強調，孤獨對於老年人的身、心皆有不利的影響，但是每個人的個性不同，**對於性格內向，不習慣直接面對面或是通電話的長輩來說，社群軟體的興起，提供了一種較為間接、緩和的溝通方式，反而能讓他們增加彼此的互動。**

換個角度來想，當長輩們想要抒發自己的想法或價值觀，但又不想被後輩抱怨這樣很嘮叨時，長輩圖或轉發訊息就是個很好的媒介。能夠把意見帶到，又避免了直接面對的壓力。

第二個好處：抗憂鬱

之前我曾讀過一篇外國的醫學文獻。針對老年人使用手機發簡訊、使用電子郵件，或是使用具備視訊功能的社群軟體等工具進行調查，並且篩檢長輩的憂鬱情緒。結果發現，時常使用具備視訊功能的社群軟體的老年人，罹患憂鬱症的風險，是未使用者的一半。

研究學者認為，鼓勵長輩使用這些社交軟體，讓長輩們有了更容易與親友聯繫情感、表達關心、建立連結的管道，對於他們的精神心理健康大有幫助。

第三個好處：防失智

站在預防失智、抗老化的立場，我鼓勵長輩多多參與動腦的課程，學習新知。隨著環境的變化或生存的需要去學習新的技能，對大腦是大有助益的。

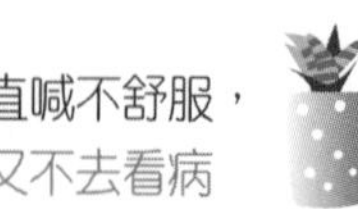

在練習做長輩圖的過程中，會運用到文字、圖形、色彩、空間的組合搭配……的確具備活化腦部功能的基本元素。

每日收取他人傳來的圖片，檢查哪一個回了，哪一個沒回，這也是種動腦的樂趣。

我想，**重要的不是長輩們傳了什麼長輩圖給你，重要的是，在長輩的名單中，有你一個。這一份看不見的心意，比看得見的意義，更值得你珍惜。更重要的是，這讓長輩LINE出「存在感」、LINE出「價值感」。**

無論你喜不喜歡長輩圖，都沒關係，就像長輩也不懂年輕人為什麼喜歡上ＩＧ，吃飯老是要先自拍、打卡，或是說話愛用ＰＴＴ鄉民哏一樣。

每個世代都有自己的方法，盡量尊重，巧妙善用，就能讓煩惱變成彼此相處的助力。

父母想要的，也許只是一個很普通的擁抱、一句很簡單的問候。或許父母想聽到的，不是醫生對他說：「你檢查都沒病。」而是你告訴他：「我雖然要工作，沒辦法整天陪伴你，但是我還是很愛你。」

「你看你爸啦……」老媽一直把老爸的問題丟給我？

「妳看看妳爸爸啦，抽血報告有三高，電腦斷層還說有小中風的現象……」碧玉姨趁著獨生女兒君君回家時，抓住機會，開始數落老公。

「我自己的身體，我知道啦。」溪海伯不耐地回答。

「醫生建議除了吃藥，最好要時常運動。吃飽了，不要馬上去躺。妳聽到了齁？我只叫他去外面走一走，他就不高興。」

「我有散步啊，但是走久了，腰會痠，所以才會去休息。」

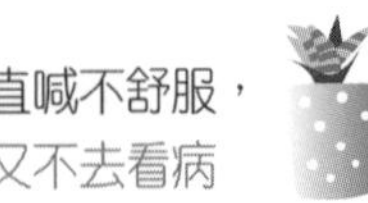

君君知道爸爸最討厭別人碎念他，但還是硬著頭皮，委婉地說：「爸，如果走不動就不勉強，但是天氣好的時候，要出去活動一下。」

碧玉姨不滿意，繼續說：「妳爸爸都亂講的，才走兩步，哪裡會腰痠。他最近白天都一直在睡。妳說，這樣對嗎？」

溪海伯聽了爆氣回話：「妳現在是打算替妳媽來管我嗎？」

孝順的君君夾在中間，兩面為難。

不歡而散的三人

溪海伯是受過日式教育的大男人，雖然非常照顧家庭，但脾氣暴烈。君君懂事有印象以來，爸爸說話口氣就不好，經常使用「命令句」的方式在和家人溝通。他總是認為自己就是一家之主，凡事都得聽他的，對太太也不假辭色，只要飯菜煮得不合意，破口就是一陣罵，甚至翻桌不吃，也是常有的事。

碧玉姨年輕時多是忍讓，但心中總是覺得委屈。她認為自己是關心丈夫，也都是為他好。自從溪海伯被發現有小中風之後，碧玉姨更是認為他應該要多運動，不要老是坐在家裡不出門，但溪海伯個性孤僻，朋友不多，退休後，便整日待在家中。

溪海伯並非不認同醫師給的中肯建議，但他在老婆面前，可不能示弱，所以任憑太太怎麼碎念，都沒有用。後來甚至被念得煩了，就乾脆躲回房間，躺著休息，連客廳都不去。

碧玉姨不停打電話對女兒抱怨此事。這日，女兒君君恰巧回來老家探望。母親抓住機會告狀，結果又搞得不歡而散。

孩子不是替代品

最讓君君困惑的是，母親明知道老爸的個性就是不會聽從，為什麼「現在卻期待我來解決」。

仔細看會發現，**其實這是「婚姻」的問題，但卻演變成「親子」間的議題。**

我建議應該讓伴侶關係回到伴侶之間去處理。即便現在年齡增長了，也不要讓孩子成為另一半的替代品，甚至是伴侶關係的犧牲品。能如此處理，可能多數問題就會迎刃而解。

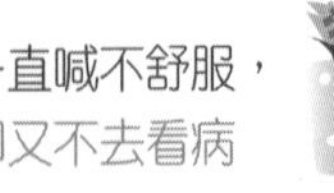

例如，夫妻感情不融洽，丈夫時常不在家。年輕時，妻子尚可忍耐，將注意力轉移到忙碌的家務或工作上，排遣寂寞。年老後，丈夫依舊每日出門趴趴走，去泡茶、唱歌，就是不待在家中。已經退休或不再需要負擔家務的妻子，面對身體老化，獨自一人在家的孤獨感，越來越無法自處。於是，許多長輩開始抓住孩子不放，期待子女或孫子女頻繁探望。或者像是碧玉姨一樣，把問題丟給小孩，起床看不到老伴，就打電話向子女抱怨，要求他們找人，叫爸爸回家陪伴。這可能是因為枕邊人早已形同虛設，或者真的就是虛設。

太太們不管為先生們找多少藉口，「工作忙啊！」「也是為了這個家啊！」「只是一時迷失啊！」這些說詞真的可以說服自己、解決自身的寂寞孤獨嗎？如果可以，就不需要逼迫孩子了。

其實，應該去找另一半商討。因為**無論如何，孩子都不是替代品和替代品功能的延伸。**

即便父母年老，子女想要處理父母之間的問題，依然還是困難重重。許多專家提供了建議，讓苦惱的子女參考。

方法一：記得那是「他們的問題，不是你的」

這樣說似乎有點冷漠、絕情，但其實不然。當我們要運用理性去思考一件事之前，必須冷靜且清晰地看清楚，到底這個問題是什麼，更需要弄清楚，這是「誰的」問題。

因為與父母之間，有著濃於水的血緣，但我們也常將彼此的界線弄模糊了，反而會讓情況更加惡化。

近年非常受到讀者歡迎的個體心理學派大師阿德勒便提出「課題分離」的論點，幫助人釐清自己與別人的課題。

岸見一郎所撰寫的暢銷書《被討厭的勇氣》，也提到「人際關係中的紛爭，差不多都是因為一腳踩進別人的課題，或者是自己的課題遭到干涉所引起的」。

當你受苦於雙親將另一半的問題丟給你，你就要警覺你已經踩進了「別人」的課題裡，雖然這個「別人」，正是「自己的父母」。但以「個體」心理學來說，那還是「別人」。

你可以提供支持，提供協助，給予鼓勵，但一個人終究無法解決別人之間的關係問

題。讓我們將親子反位，舉個簡單的例子來說明，就更容易理解這之間的道理。

當一個孩子在學習功課上遭遇困難，作為父母的，除了擔心，或許可以聘請家教來教他，或多買幾本書、講義回來練習，甚至是評估看看是否有注意力不足的症狀需要就醫。但就是無法代替他學習或考試。

方法二：千萬別當父母的裁判

有些時候，你保持理性，並不想捲入父母之間的紛爭，但這並不容易，因為**為了說服你「跳下海」來「插手」處理這燙手山芋，長輩會設法拿出事情的利害關係，強調其中的是非對錯，要求你「評評理」。甚至是動之以情，搬出原本的親子關係，要求你「選邊站」。**

但父母間的問題，有許多是情感因素所造成的，並沒有一個標準答案。人生有許多選擇，無關是非對錯，而是價值認定的不同。落入是非道德、法律，甚至科學的觀點裡，並無助於解決真正的關係問題。

當然，你還是有可能成功地扮演關鍵一角，扭轉乾坤，不論是當個緩衝的軟墊，或是主導、介入協助，但**能在關鍵時刻提供意見，都需要有一定程度的信任基礎**，否則再好的心意都很容易被解讀為「我老了，你翅膀硬了，插手來管我的事」。此時，就是看彼此的關係是否情感穩固，溝通有沒有默契。

如果你平時就積極地參與家庭生活，就可憑藉著堅固的底氣，厚實的關係土壤，涵容各種價值觀的衝突與盤根錯節的愛恨情感，讓名為家庭的大樹繼續茁壯。

有句話「**先處理心情，再處理事情**」，很適合應用在這種情況。以君君的例子來說，倘若她也想對父親的健康出點力，又無法改善父母親彼此的溝通技巧，那麼是否先從增加陪伴父親，增長和他相處的時間，讓親子關係變得更扎實開始？或許父親能軟化，接受女兒的建議，逐步地解決遇到的問題。

方法三：天下有不是的父母，但他們還是你的父母

倘若嘗試處理失敗，也請不要怪罪自己，不要太過悲傷，更不要憤怒、生氣、失望。

請記住你已努力過。父母也是凡人，凡人都是軟弱的，也容易犯錯。倘若維繫關係，靠的不是愛與情感，只靠血緣，或是只靠婚約，那麼期待彼此能改變，恐怕是不切實際的。此時，你反而要告訴自己，這是過度理想化了。

身為子女，若能明白這些問題是從父母彼此的關係困難而來，讓他們嘗試回到自己與伴侶的個別關係裡去，這也是種盡力。身為子女，請掂掂愛的存款，量力而為，讓心自在。

「你跟你媽講啦……」老爸一直把老媽的問題丟給我？

「我跟妳說，票買好了。」張爸在電話中小聲地說。

「票？什麼票？」鈺文疑惑地思索，自己好像沒有拜託老爸買什麼。

「音樂會的票呀，妳媽說要去聽音樂會。X月X日，我買好了，妳要陪她去。」

張爸先斬後奏。

「為什麼要我去？你陪媽媽去啊。爸，你都沒先問我，就買票了？！」

「我買了第三排的位子，很前面，很貴。妳學過音樂，比較聽得懂。我去聽是浪

費錢。我已經跟妳媽說，妳會陪她去了啊。」張爸的口氣充滿拜託的氛圍。

「好啦，我知道了。下次，你要先跟我說啦。」鈺文拗不過老爸的懇求。

張爸滿頭銀髮，年輕時，也算是走雅痞路線的。張媽擁有外國藝術學位，最大的嗜好便是前往演奏廳，聆賞各種表演。數十年來，夫婦相伴，他倆攜手欣賞各式大大小小的歌劇音樂劇，好不愜意。但，張爸怎麼會推託說自己聽不懂，去聽音樂會是浪費錢呢？

其實幾年前，張老先生跌了一跤，造成腰椎骨折，自此後無法久坐。老太太則是出現記憶力退化，重複詢問的症狀，被醫師診斷為輕度失智症。

深愛妻子的老先生，堅信讓太太維持她最愛的音樂活動，是延緩她症狀的不二法門，但自己的身體撐不住，總是要想其他的辦法。他認為女兒年紀比自己輕，也學過幾年鋼琴，是最適合的人選。

於是當太太又問起，「我們什麼時候去聽音樂會？」老先生也不先問問女兒是否有空閒，逕自就買了貴鬆鬆的前排好位置，再打電話給女兒。

父母可能是退化了

另一對郭氏夫婦，則是很熱衷於購買時下最新潮的3C產品，但又非真的擅長此道，老是弄不懂如何操作，如何下載更新程式。郭爺爺每回遇到這類問題，便反覆詢問老太太的意見，或者央求她幫忙重度老花眼的自己詳加閱讀說明書，設法找出哪裡出了問題。

老太太對這些新奇玩意兒，其實是興趣缺缺，但想著退休後反正時間多，夫妻要有共同投入的事情比較好，於是把陪伴先生研究新式科技產品，當作是夫妻的生活樂趣。

老先生負責逛店選購，老太太則是擔綱研究、回答。順利搞定後，兩人還能對孫兒輩炫耀一番，表示跟得上時代。

但隨著科技進展，老太太自己的視力也逐年退化，越來越無法耐心地研讀爬滿蝌蚪文的說明書。

於是，每當被老先生問得煩了，她就打電話給住在外地的兒子，「阿銘啊，你阿爸買了一個什麼科技手環，他又弄不懂怎麼開機了。我現在目珠無法度啊。你來跟他

講啦……」

不管是張爸，還是郭媽，都面臨到一個問題。就是一件原本對長輩來說，可以處理的事情，但隨著年齡增長，身體變化，已經從輕而易舉的小事，變成需要別人協助才能完成。**但長輩多半不好意思說，或者不願意明說。**

在我們抱怨長輩，為何又把另一半的問題丟給我們時，要先想想，是不是因為她的視力退步了？聽力不比以往了？搬不動重物？走不了遠路？記不住太多的事物？所以才把問題移交給你，並非是故意。

當看到其中一個人變老，別忘了陪伴在旁多年的那一個，多半也老了。**髮鬢雙白，要思考的是「這是兩個老人」。因為他們「以前很可以」，我們就會忽略「後來可能不行」。**

若能明白這之中的癥結點，心裡就會釋然多了，也比較能夠理性地針對問題，找出適當的解決辦法。

為什麼長輩會希望子女「帶你爸去看醫生」？

不過在臨床情境中，最常遇到的，其實是長輩就醫的問題。身為一個以照顧老年病患為主的醫師，我還真得替長輩們說幾句話。尤其是就醫被診斷為重大疾病時，子女若能多陪同長輩就診，對於協助了解醫學名詞、遵從醫囑，甚至是做出重大醫療決策都有很大的幫助。

雖然在法律上，每一個成人都應當被視作是有行為能力的個體，享有自主決定的權利。但是醫學科學日新月異，有些複雜的病況解釋，或是步驟多重的治療方式，對長輩而言，聽完醫師解說，要能完全理解，實在是很吃力。

在診間裡，我就不只一次地在解說完病情後，被病患本人，或者也是銀髮族的配偶（伴侶）拜託，「醫生，歹勢啦，妳講的，我攏聽不太懂。可不可以，我現在打電話給我女兒，拜託妳跟她講，好不好？」

望著長輩緊張的模樣，實在令人不忍拒絕。有時候情勢緊急，勉強答應了，也撥了電話，卻又未能立即聯繫上子女（電話無人接聽，或是人不在座位上等）。他們一臉困窘地道歉，充滿手足無措的不安。

我婉言相勸，請他們不要慌張。我先簡單寫個字條，略加說明，或是請他們將報告影印帶回家，請孩子下次門診一起來就好。

但此種狀況僅適用於無緊急風險的慢性病症，倘若是需要立即做出決定的情景，就不難想見長輩的壓力與焦慮。

所以**有些長輩會希望子女「帶你爸去看醫生」，並非是不能體諒子女的工作繁忙，多半是擔心「自己不知道該怎麼辦」**。

尤其是女性長輩，她們受到傳統觀念的影響，常常會希望在做重大醫療決策時，有家族男性在場，甚至希望由兒子（甚至一定要是長子）來下決定。

父母是對子女「撒嬌」

另外一種情境，則是「明明她可以，為什麼要丟給我？」而以下的狀況題，如果把人、事、時、地、物換一換，說不定你、我都曾經歷過。

「〇〇，剛剛快遞公司打電話來，說你媽媽買的包裹已經送到便利商店了。可是我今天白天走了太多的路，現在腳好痠痛，不想走出門，你下班幫她拿過來，好不好？」

便利商店離老家並不遠，步行即可抵達，老爸卻要你下班後，去幫老媽拿包裹。

老媽膝蓋不好以後，不愛出門，特愛網購。

「XX，天氣忽冷忽熱，你爸爸胃口不好，我煮的，他也只吃一點，不知道他是不是有點中暑。人懨懨地，你覺得晚餐要弄什麼給他吃比較好？還是你去買？」

老爸最近得了流感，腸胃不舒服。不過已經看過醫生了，醫生交代休養幾天即可，可能要一週才會恢復。老媽卻說沒吃東西沒體力，這樣生病哪裡會好，所以一會兒煮稀飯，一會兒熬雞湯。她把自己弄得很累，然後打電話要你再想辦法。

接完電話，你可能會有點生氣。不明白為什麼連個小包裹，都要住得比較遠，而且已經上班一整天的你去幫忙拿，或者是連晚餐要吃什麼這種小事，也要來問你，醫生不是已經說會有一個禮拜比較不舒服了嗎？

其實，**這些行為可能連不是心理精神專家的人，也都可以說出它的名字，就叫「撒嬌」**。

父母藉由「丟問題」，實為「找關心」

想想看，如果上面所述的情景，是發生在你目前正熱烈追求的對象身上，又或是你懷孕剛滿三個月的妻子，甚至是你那就讀國三，正備戰學測的兒子。

他們並不是無法走到便利商店拿包裹，而是希望聽到你一句：「你忙了一天，腳都痠了，不要太勉強。累了，就要休息。櫃子裡，有我上次買的涼涼膏，擦在腿上，可以消除疲勞。你先擦看看，包裹不急，我下班再去拿就好。」

他們並不是沒聽懂醫師的診療，可能是希望聽到你說：「爸爸生病，很難照顧吧？妳煮得那麼辛苦，也要小心，不要太累，抵抗力變差，容易被他傳染。他不吃沒關係，先觀察幾天，如果還不好，我們再去掛號，看醫生怎麼說。」

當他們明明可以處理，卻要把問題丟給子女時，需要的，可能就不是上面那一段實際的幫忙，而**可能是隱藏在事物背後，更為重要的需求，那就是心理的支持與鼓勵。**

我們每個人都會有心情不愉快，生活遇到挫折，付出覺得沒有被肯定，或是勞累疲倦，需要人拍拍、呼呼的時候。

渴望親友給予關心或是支持，但是臉皮薄，不好明說，於是，心中的OS其實是：「我想念你，想見你，我好累，真希望你能拍拍我，安慰我。」但卻拐彎抹角，迂迂迴迴，藉由「丟問題」，實為「找關心」。

父母與子女都需要學習

在過去，父母原本是用照顧子女的方式，來與下一代互動。如今年齡增長，位置開始轉變互換。

身為上一個世代，需要學習，如何適當地表達自己需要，如何說出內心需要協助的想法，不管是外在或是內在的需求。

身為下一個世代，也要稍稍停下腳步，在問題丟過來時，試著體察上一輩的變化，了解行為背後的原因。

有時候事情並沒有想像的複雜，但是需要貼心的協助。

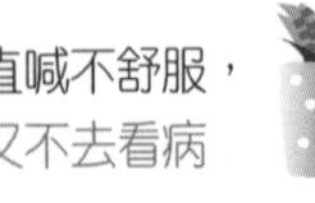

七十幾歲的老媽想和老爸離婚？

「你這個月什麼時候有空，回家一趟？」不常主動打電話的母親來電。

「月初比較忙，月中應該可以。」俊豪打開手機行事曆，查看自己的工作行程。

「媽，是有什麼事情？很緊急嗎？」他關心地問。

「我已經把東西都簽好了，就等你回來當見證人。」阿莫奶奶淡淡地說。

「簽好了？簽什麼東西？見證人？」搞不清楚情況的兒子，語氣充滿訝異。

「我決定要跟你爸離婚。」阿莫奶奶堅定地說。

冰凍三尺，非一日之寒

高齡八十的阿莫奶奶堅持要離婚，她打電話給五十多歲的兒子，要他回來當見證人。

兒子接到消息後，立刻趕回老家，他想要知道到底發生了什麼事。

兒子知道母親一生都很辛苦、忍耐。他對母親說：「媽，如果妳堅持離婚，我當然會支持，但是妳已經八十幾歲了，為什麼現在堅持要離婚呢？不管有沒有簽字離婚，日子還是一樣啊。」

阿莫奶奶平靜地對兒子說：「我知道你的意思。你們是不是認為，反正我都已經這把年紀了，再活也沒有多久，為什麼要這麼堅持，對吧？」

兒子發現自己內心的想法被母親識破，便沉默不語。

阿莫奶奶似乎是準備很久了，表情顯得平靜。她慢慢地對兒子說：「**就因為我覺得自己時日無多，所以才要離婚**。因為我死了之後，不想葬在他們家的祖墳裡。」

阿莫奶奶從小就是童養媳，幼年時期受盡欺凌，例如在冬天洗全家的衣服，即使懷孕了，還是得負重、劈柴、燒柴火煮熱水。後來到工廠上班，所賺的錢又全被夫家

拿走。

最讓阿莫奶奶感到心寒的是，結褵幾十年的丈夫，從來沒有為她說過一句話。前些日子，阿莫奶奶身體不舒服，丈夫竟連一句安慰的話都沒有。

阿莫奶奶的心中早已暗暗決定，等孩子大了，她就要跟這個家脫離關係。

阿莫奶奶認為時候到了，她決定要將想法付諸實行。

老年離婚潮來臨

根據內政部的全國人口統計資料報告可以發現，自民國九十八年開始，不論男女性別，六十五歲以上離婚的數字都呈現逐年增加的趨勢。

其中，**老年女性的離婚率，增加的趨勢較為明顯**。台灣的高齡夫妻離婚對數，近年快速攀升，根據內政部戶政司針對結婚三十年、年齡六十五歲以上的高齡夫妻統計，自一九九四到二〇一四年為止，二十年來離婚對數暴增了四倍。

這群婚齡數十年的老年夫妻，不如想像中的執子之手，與子偕老，共享銀髮餘生，卻是老來難作伴。

老年離婚的比率正逐漸增加。

終於心死

七十多歲的苦茶阿嬤，女兒陪她來門診，但苦茶阿嬤一直哭一直哭。

苦茶阿嬤告訴我，她想跟先生辦理離婚。

她說，自從二十幾歲嫁給先生開始，這五十幾年來，老公慣性外遇，從來沒有間斷過。

她原以為，丈夫長得不錯，年輕時難免風流，為了孩子，她願意忍耐，所以持家、照顧公婆都是她包辦。

苦茶阿嬤心中盼望的是，等先生年紀大一些，玩夠了，會想要回頭，和她一起到老。

幾個月前，先生跌倒，摔斷了腿骨，於是住院開刀治療。苦茶阿嬤每日前往探視，又是燉湯，又準備水果。

沒想到，才短短幾個禮拜，先生居然跟住院時聘請的五十多歲看護搭上線。腳傷才剛好，先生與看護就相約到外地旅遊，幾天幾夜都不回家，一直到途中被其他親友

撞見，事情才揭發。

苦茶阿嬤流著淚說：「我等了這麼久，也該死心了吧。」

想到以後我還要照顧他，幫他推輪椅……

阿霞姨與老公的感情其實並不和睦，但是先生不菸、不賭，也有正當職業，於是兩人依然維持著相敬如賓的生活。

兩人共育有三名子女，如今早已成家立業，沒跟兩老住在一起。

阿霞姨的老公剛退休時，身體都還健康，自己能夠料理日常生活中的事務，直到半年前，被診斷出罹患了大腸癌。

在治療過程中，阿霞姨擔心給子女增添負擔，因此全程陪伴著丈夫住院、開刀，以及後續的化學治療。

但就當治療告一段落時，阿霞姨無預警地提出離婚的要求。

孩子們非常震驚，但阿霞姨清楚地對子女說：「我實在是沒有辦法再跟你們的父親生活在一起了。經過這次他生病的過程，我更加確定這個想法。我是看在過去幾十年的夫妻情分上，自願照顧他。但他總是不感謝我的付出。對於我的照顧，也是百般挑剔。動不動就對我發脾氣，我辛苦煮的飯菜，也被嫌棄。他也不想想我年紀只比他小幾歲，這些照顧工作對我來說，也是挺吃力的。我只要想到這種日子再過下去，我以後還要照顧他，幫他換尿布、推輪椅，我就一點都不想要再繼續。他現在情況穩定了，我已經盡了道義。我真的不想再跟他一起生活了。」

臨老入花叢，尋找第二個春天

七十多歲的老王當了十幾年的公務員，他一向過著拘謹、刻板的生活。老王的太太小他十多歲，他們只有一個獨生女，如今女兒三十多歲，嫁到外地去了。

在女兒懷孕、生產後，老王的太太索性搬到女兒住處附近，幫女兒照顧孩子。從此老王與太太形同分居，就這樣過了兩年。

半年前，老王偶然在朋友的聚會裡，認識了一位六十幾歲的寡婦朱小姐。朱小姐個性活潑，人緣極佳，打扮起來風姿綽約，老王深受吸引。老王彷彿在朱小姐身上找到了第二春，幾乎每個禮拜，他們兩人都相約出遊、唱歌。

朋友們也發現老王變了一個人，因為從來沒看他那麼開心、那麼自在過。一個八十幾歲的人，笑得跟孩子一樣純真、開心。

老王鼓起勇氣打電話對太太說，他想離婚，即便最疼愛的獨生女極力阻止，勸老王回頭，老王也不為所動。

在最後一次的攤牌中，老王對太太道歉，但還是堅持離婚。

老王說：「我做了一輩子的好丈夫、好爸爸，現在總該為自己活一次了。」

老來覺醒做自己

倘若經濟獨立，或是有子女作為後援，長輩也可能開始為自己的人生最後一程打算，尤其是現在平均壽命延長，這最後一程，說不定長達二、三十年。

祐子女士是台、日混血兒，她的五官美麗，待人有禮，聲音語調甜美，人緣極佳。祐子的先生對於她裝扮時髦、交遊廣闊，始終看不慣。朋友打電話和祐子多聊幾句，他就發脾氣，就連出門穿件洋裝，也會被先生酸幾句。

這些情況在先生退休後，變得更加嚴重。

但祐子的先生不抽菸、不喝酒、不賭錢，對子女很照顧，家裡的經濟情況也很不錯，樣樣都有。

不過在祐子女士高齡百歲的母親過世後，她選擇離婚。

祐子女士的先生和親友都想不到，以為她哪根筋不對，但**祐子女士心裡明白：做了一輩子外人眼中的好媳婦、好太太、好母親，她要開始追尋「自我」**。她說：「我吃、穿都不靠他，如今母親走了，離婚後的日子，我想要做自己。」

不同於年輕人常常衝動分手，上了年紀的離婚者，累積了豐富的生活經驗，他們看過婚姻的很多層面，也往往已經在傳統對婚姻的期望和自己對生活的想法間，矛盾、掙扎了很多年，當他們最後真正醒悟到自己想要什麼，不想要什麼時，就會勇於說再見。

維繫婚姻的子女，成就離婚的觸媒

很多人都聽過，子女是父母婚姻的潤滑劑，但這句話，在老年期或許不適用。

對已經成年的子女來說，不但比較不會受到父母離婚的打擊，由於自己也經歷過人生的歷程，對婚姻的苦、樂有所感受，所以，有時候反倒會成為父母離婚的「觸媒或是助力」。

又或是長年以來，子女也已將父母的相處狀況看在眼裡，尤其是家暴、外遇、酗酒等問題。許多子女實在看不下去了，或等到適當時機，他們甚至還會向父母保證，自己會給予金錢等支援，力勸父母分手。**子女的出發點大多是希望能保障父母的人身安全，減少父母之間的衝突，或是讓父母快樂一點。**

老年離婚之後的兩大難題

但是，老年離婚真的只有美好嗎？比起台灣，老年人口更多的日本，已經開始敲響警鐘。

他們發現，老年離婚，恐怕會導致夫妻「同歸於盡」的結果，於是提醒想離婚的長輩，應該拿起算盤精算一下，簽字之前，再想一想。**這就是第一個難題：經濟上的現實。**

主要是因為離婚後的風險太大，尤其是對女性而言，七、八十歲以上的女士，是戰後嬰兒潮的世代，那個年代風氣使然，女性結婚之後，多數是擔任家庭主婦的角色，並未有工作帶來的收入。

倘若未掌握經濟大權，名下沒有資產，離婚時又未爭取到贍養費，經濟上的壓力會很大。而若形成離婚後貧窮的現象，日本人認為離婚也是成為「下流老人」的因素之一。

倘若都仰賴子女資助，又可能影響親子關係，產生新的人際壓力。

第二個難題是照護議題。上了年紀之後，就算目前還健康、硬朗，也很難保證日後不會罹病，需要人家照顧。

離婚之後，夫妻關係不再，但是對子女而言，雙方都還是自己的父母。倘若分開兩處居住，卻又都需要照顧時，子女需負擔的心力與金錢，都會是倍數以上。

這兩個現實的難題擺在面前，會出現一些特殊現象，例如離婚之後，雙方還同住在一起，或者是離婚多年後，因為子女的請託，答應照顧罹病的前夫或前妻。

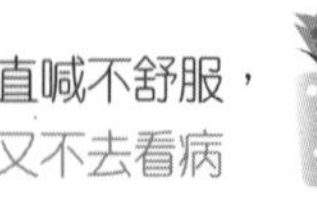

我明明不需要，但老媽依然不時給我錢？

「那我先回北部了哦。」耀晉結束休假，準備返回工作崗位。

「你自己在外，一切小心。」老爸叮嚀幾句。老媽則是拿了一袋水果，堅持耀晉帶回去吃。

「鈴……」才剛坐上高鐵，手機鈴聲便響起。低頭一看，是老家來電。

「喂，怎麼了，我忘了東西嗎？」耀晉匆忙接起電話。

「沒有啦。只是交代你，水果記得不要送人，要自己吃。」老媽壓低音量，神神祕祕的語氣。

「妳又裝了什麼在裡面啦？」耀晉一邊回電話，一邊開始搜索袋裡的東西。因為逢年過節回家，爸媽總是愛塞紅包給他。

耀晉再三表示自己已經這麼大了，不肯收下，結果爸媽改成偷偷放。果不其然，耀晉撥開幾顆紅蘋果，發現袋子底端偷藏了一個紅包袋。

「吼，不是叫你們別再包紅包給我了嗎？」耀晉的音量大了起來，他都忘了自己正在坐高鐵。

「你們這些錢應該多花一些在自己身上，買東西啦、出去玩啦。我自己賺的錢夠用，不要再包錢給我了。」

耀晉心裡明白，爸媽這紅包又是節儉度日才存下來的。想到他們硬是東省西省，耀晉就止不住碎念。

老媽聽了，竟生氣了起來：「我包紅包給我兒子，哪裡不對了？」

對長輩來說，錢＝安全＝愛

我的忘年之交洪博士，曾經提到過他的父母，在他被拔擢到較高的職位時，父母興高采烈地包了紅包給他。

然而，耀晉的爸爸媽媽平時清苦地過日子，雖然耀晉表示現在家裡的環境改善了，希望父母輕鬆點過生活，但兩老都是白手起家的人，他們內心對於貧窮有著恐懼，所以錢在他們的心中占據了非常重要的位置。

於是，他們總認為錢代表著安全，也代表著愛，這就不難理解，當他們給孩子錢時，也就代替了情感的表達。

老倆口省吃儉用的初衷，是為了多留一些錢給兒女，但**當他們這樣做的時候，也會不由自主地表達，希望這些作為能被兒女看到。希望兒女能夠明白他們為了兒女，願意犧牲自己的一切。**

在愛之下，包裹了抱怨與攻擊

華人社會的父母多半工作時間很長，過去的社會也不像現今不斷強調要撥出時間陪伴、教養孩子，或是注重與孩子之間的感受、交流。長輩或許是年輕時忙碌，如今對子女有些許愧疚，又或更多的是根深柢固地認為，以給予物質的方式來寵愛孩子，比較務實。

另外，**我們的文化習慣也養成這種「給愛的方式」**。在父母的心中，他們給孩子的不只是錢，而是愛。

但這種互動，偶一為之還好，若多了，子女可能會感覺到困擾——困擾於父母刻意控制花費的生活，困擾於父母渴望被肯定的眼神。

「收下有壓力，不拿傷感情。」子女感覺到心中有種莫名的感覺，混合了心酸、氣憤與內疚。因為當長輩一邊訴說生活如何清苦，一邊又拿出錢財，打算贈與後輩的時候，可能會引發後輩的罪惡感。

子女感覺自己就像一隻水蛭在吸血，可是明明子女的收入也夠用，可以養活自己。**從父母身上獲得金錢，反而讓子女處於內疚的情緒裡，這其實是一種被內疚控制的親子關係**。

當父母一邊給予，一邊卻同時告訴子女：「好東西都給你，我用剩下的就好」時，在愛之下，也包裹了抱怨與攻擊：「因為把好的給了你，所以你就欠我了，所以你得聽

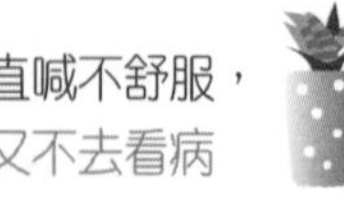

我的。」對於大多數的子女來說，經驗到這樣的互動，會產生虧欠父母的內疚。

殊不知，**以內疚來串連驅動的關係，是具有破壞性的。**

被推入內疚的人，一方面會為此屈從於對方的要求，另一方面，也會因為這個屈從，而變得很憤怒，或是想逃避。因為沒有人喜歡一直陷溺在內疚中，總是會做些動作來應對那份不舒服。

要嘛逃跑，盡量避免聚餐、見面，因為一見面，父母就是找理由要給錢；**要嘛戰鬥**，直接翻臉，拒絕收下，拉拉扯扯，搞得不愉快。

但不管是哪一種方法，都不會讓關係朝良性的方向發展。

金錢、物質帶來的安全感

對於在成長過程中沒有充分獲得安全養育體驗的父母，分離對他們來講，是一件困難的事情。

當他們還是孩子的時候，分離也許是與被拋棄（情感中的被拋棄或是現實中的被拋棄）的體驗聯繫在一起，所以他們可能就在潛意識中不敢信任情感，只能靠不斷地發展自己的能力，來讓自己獲得安全的體驗。他們成人後，可能會覺得錢比人更能讓他們感覺到可信，更能給他們帶來保障感。

所以，這對老父母用不斷給孩子錢的方式，來表達他們的愛，可是卻無法真正的在情感中，與孩子建立安全連結。

當他們給孩子錢時，他們的感覺是把最最重要的東西給了孩子，是在愛孩子；但在孩子的內心裡，感覺到的可能完全不一樣。

孩子會覺得在父母的世界裡，錢比自己更重要，而自己並不被父母愛，或者感覺到伸手要錢的屈辱，自己是被貶低的。

被遺棄的焦慮

將安全體驗建立在「錢」上的父母，當他們逐漸老去的時候，他們被「人」拋棄的恐懼，也會更加強烈，所以他們會努力讓孩子看到：我一直把我最好的東西——錢——交給你，你一定不要拋棄我。

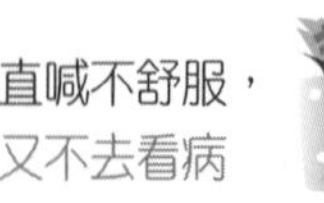

此時，他們早年在與父母關係中被拋棄的恐懼，再度被喚醒，只是此時他們的身分更加複雜：在潛意識中，與子女的關係既處於父母的位置，也處於子女的位置。當他們處於子女位置時，他們就會努力做些什麼，來保障自己不被拋棄，例如用給孩子錢的方式，吸引子女的注意力，就像當年面對父母時，努力做個「好孩子」來保證父母不討厭自己。

當他們處在父母的位置時，又可以感受到給予的優越感，從而補償被拋棄的恐懼，但這又會把子女推到當年自己所恐懼的那個位置：一個沒有能力的、不能養活自己的孩子。

相信物質，不相信被愛

對於成長中缺少安全體驗的父母，他們的內心其實也會缺少對於關係、對於愛的感受和信任能力，因為**他們無法相信自己可以作為一個愛的對象而被愛著，而不是作為一個交換的對象而被愛（因為我有能力、有錢、漂亮……才被愛）**。

所以，他們在與子女的關係中也會延續這種交換的愛，即他們必須讓自己對孩子有用，才能感覺自己有資格讓孩子愛自己。而他們在養育孩子的過程中，也會這樣對待他們的孩子，於是**孩子就真的可能學會「你對我有用，我才接受你」**。因此，這兩代人的關係中，就會缺乏真實的愛的關係，取而代之的，是對愛的遲疑和無法信任。

當內心無法相信真實的愛存在於彼此的關係中時，就會對對方的行為、情感等產生質疑，即便對方真的是出於愛，才對自己好，也會懷疑那個好背後，不過是為了得到某些東西而已。

對愛的質疑，使雙方都無法信任關係的安全，也就無法真實的將自己開放，也無法將真實的自己交付給對方，於是雙方的關係就像隔著一層什麼。看起來很親近，內心其實很遙遠。所以，**兩代人常常都感覺自己很委屈：我對他那麼好，為什麼他對我那麼糟？**

這些對於關係，對於人內心的情感需要，都是非常具有破壞性的。

沒有被愛的經驗，難以給他人愛

當一個人的內心有太多情感匱乏體驗的時候，是很難真正地給予別人，能量守衡原則在人內心依然適用。

當一個人內心非常充盈時，他的付出是帶有滿足和喜悅的，這時，他是可以給出愛的能量的，因為他內心已經儲存了豐富的被愛的體驗，所以給出去並不會讓他感覺匱乏。

而**當一個人內心非常匱乏之時，每付出一些，他的匱乏感就會增加一些。**為了保持內在的平衡，他就只能從其他的地方，以其他的方式再收回來，譬如剝奪對方的自戀、控制對方的情感等等，而這樣的給予會給孩子帶來非常大的困難，因為父母的愛裡摻雜了傷害，讓孩子無法清晰地分辨愛與傷害的界限在哪裡，使孩子在成年後，人際關係中會有諸多的困惑，不知該如何與人建立健康的關係。

父母讓自己生活得好，才能給予子女真實的愛

那麼，父母到底該怎麼做，才能盡量避免這些傷害的發生呢？父母要有能力讓自己生活得好，要讓自己能夠充分獲得愛的滿足，才有可能給予子女真實的愛。

父母如果有能力「自私」一點，將關注點從孩子身上收回到自己身上來，讓自己

生活得舒適，就可以給孩子樹立一個努力創造美好生活的榜樣，同時這種放手也向孩子傳遞了一個重要信息：過好生活，是需要自己做出努力的事情，而不是來自他人的給予。

而且這也可以釋放給孩子更多的自由空間，讓他們自由地發展。只有父母內心足夠滿足時，孩子才能得到真實的愛，而不是夾雜著傷害的愛。

這也是為什麼**心理學家一直強調，父母相愛是對孩子最好的養育**。如果伴侶關係中不能給予相互的滿足，子女就會成為替代性的滿足者；有時候，這個替代性的滿足就是以給予的方式呈現的，但是這背後卻不乏對自己內部情感缺損的補償，也就是為了維持家庭的關係，會犧牲掉某些真實的情感需要。

所以，對子女最好的愛，是父母自己的成長、有能力愛自己、有能力愛彼此。因為只有愛自己的父母，才有能力給予孩子真實的愛。

人家說越老越固執，越難相處，怎麼辦？

「醫生，我爸爸怎麼了？」接到通知，匆匆忙忙趕到醫院的莉寧擔心地問。

「檢驗數值看起來還好，生命徵象也正常，或許只是吃到不乾淨的食物，引起腸胃發炎。」急診醫師正在解釋目前的報告結果。

「吼，爸，你到底吃了什麼？」莉寧聽到關鍵字「不乾淨的食物」，火就上來了。

「就……就……就那一袋包子……」老爸像做錯事被抓包的小孩般，聲音小小的。

「包子？我不是叫你丟掉了嗎？那一袋跟本就過期了啊。」莉寧氣道。

「我就覺得可惜嘛……你們年輕人不懂惜福啦。」老爸依舊堅持。

老爸常買特價的食品回家，分量大，保存期間又短。跟他說東西折扣如果太誇張，多半是有些原因，他還是說這樣省錢又環保，哪裡不好。最後放到都過期了，跟他說東西不新鮮，丟掉別吃了。他又捨不得浪費，偷偷收著吃，結果腸胃受不了，肚子又痛又拉的，半夜跑去掛急診。

武婆婆對於垃圾分類總是分不清楚，有時會把不同項目混在一起。兒子、媳婦請她別弄了，等他們下班回家再來處理。可是回到家一看，她還是分了一袋又一袋的，結果加班累到不行的兒媳，回到家看到垃圾變成這樣，還得重弄一次，更麻煩。

隔天跟武婆婆說，這個要這樣弄，那個不能回收，要放到不可燃類。

武婆婆根本不聽，說：「你們都亂講。我收拾家裡幾十年了，都是這樣弄，哪裡有什麼問題。」

社區管理委員多次提醒：「這樣會把社區分類弄亂。」

武婆婆頂多安靜個幾天，又開始自作主張地照自己的意思做起分類來。

兒子氣呼呼地說：「為什麼會這麼固執？」

長輩真的太固執嗎？還是太固執的是我們？

固執，指的是思想保守，不願接受新事物，守舊而不知變通。而執著，原本是佛教用語，指的是堅持不放，不能超脫。

前幾年有本翻譯書籍，書名就叫做《父母老後為什麼總是那麼固執？》，出版後，頗為暢銷，看來有不少人對於這個題目頗有共鳴，甚或是深深為此所苦。

為什麼人老了之後，會那麼抗拒改變？那麼抗拒新的事物呢？平心想想，我們每個人都希望自己擁有自主權，能依照自己的意思來生活，為事情做決定，哪怕只是要吃什麼，要穿哪件衣服，即使年老了，也可能一樣。

老年人對事情的看法，可能與年紀比較輕的人不一樣。但換個角度想想，我們有時也對青少年的想法或喜好無法認同，甚至嗤之以鼻。

人總是有自己喜歡或習慣的處世方式，對於當別人說這樣不好，那樣應該要改變時，會感覺到不舒服。多數人都不喜歡別人對自己的人生下指導棋，不喜歡別人告訴自己，你該怎麼做。

在認為長輩太過固執之前，我們也要先想想，是否太過堅持的是我們？**是否是我們一廂情願地認為這樣對他是最好的，而硬要他們改變？**

長輩真的越老越固執嗎？還是這只是你我的刻板印象？

如同上面對固執兩字的說文解字，不難發現，所謂的固執，似乎與老舊事物隱隱地畫上連結線。

當我們想到固執兩個字時，很少會認為此人是「堅持要用最新、最前衛的方法來處理事情」，多半是先入為主地認為，所謂固執，就是「執著要用十幾年前流行的方式來處理事情」。

我們要小心，是否落入了「年齡刻板印象」的陷阱。什麼是「年齡的刻板印象」呢？指的是我們對於年齡（或老年這件事）原本就有著刻板印象，例如你可能會認為

老了就會健忘，老人都喜歡穿鮮豔的衣服等等。

研究發現，刻板印象具有文化差異，例如在華人社會的研究中，受訪者多以「重男輕女」、「碎念嘮叨」等詞語，來描述對於年齡的負面刻板印象。

刻板印象中有正向的，也有負向的，例如我們可能會認為「人老了，會比較有智慧」「人老了，會比較豁達」等。不過，根據以前的研究顯示，對於老年這件事的負面刻板印象的數目，多於正面的刻板印象。

當我們腦中有著「老了，就會變得很固執」這樣的刻板印象時，就更容易將長輩的言行舉止解讀為她很固執。

昨是今非的陷阱

長輩真的越老越固執嗎？當世界以飛快的速度變化，世代之間不可避免地會存在許多不同。捫心自問，你是否也曾看著年輕世代的言行，然後在心中不停咒罵這些小屁孩？今時抱怨著長輩很固執的我們，是否有一天，也會被後輩抱怨我們陳腐守舊？

世代之間，因為價值觀變遷，科技文化變遷，難免會出現所謂的代間差異。

來講個諾貝爾獎的暗黑故事做例子，在一九二〇年代，思覺失調症等嚴重的腦部精神疾病尚未出現有效的治療方法。一九三五年代左右，科學家莫尼斯發明了一種前額葉腦白質切除術（電影《飛越杜鵑窩》描述的即是此種療法），在當時被視為奇蹟療法，此方法還於一九四九年獲頒諾貝爾獎的肯定。

連美國總統約翰・甘迺迪的親妹妹，蘿絲瑪麗・甘迺迪都接受了前額葉腦白質切除術。（可參閱《羅絲瑪麗——啟發身障人權、特殊教育和醫療倫理的甘迺迪家族悲劇》一書）結果術後，她狀況變得更差，從此無法自理生活，大半生長住療養院至終。不只蘿絲瑪麗・甘迺迪，曾獲奧斯卡金像獎的影星華納・巴克斯特，也接受過這種手術。

根據估計，美國大約有一萬八千多人在一九四〇至一九五〇年間，接受過此手術治療。但此療法的問題逐漸被醫學界發現，病人出現反應遲鈍、性格變化，或是暴力傾向，功能不增反減。

到了一九七〇年代，絕大多數國家均已明文禁止此種療法，今時今日更被認為是一場錯謬的醫學黑歷史。科學進展日新月異，昨是今非，其實並不令人意外。

同樣的道理，數十年前最時髦、最in的衣著與造型，今日來看，也可能被認為一

點都不潮，也不屌。

當我們用固執來形容長輩的堅持與喜好時，不妨讓大腦乘坐一下哆啦A夢的時光機，或許你會發現，這可是三、四十年前最被推崇，甚至是最酷炫的想法呢。

長輩真的越老越固執，但那是因為大腦老化了

心智彈性的減退

隨著年齡增加，我們大腦的體積與大腦皮質的厚度會逐漸減少，而大腦結構連結的完整性也逐漸減損，導致神經迴路的處理效率逐漸降低。

過去的研究發現，即便控制了性別、教育程度及智商，老化仍然對「認知彈性」產生負面的影響。所謂的認知彈性，指的是我們的大腦在兩種不同概念間轉換，或是同時思考多元概念的事物時，所需要的一種能力。

或許我們可以稍微簡化地來想像，當我們年老，大腦比較會「轉不過來」。

不只一次，來看診的長者與家屬，為了藥物是否需要空腹服用而爭執不已。他們要求我說明藥物的使用方式，我逐一回答某某藥需要飯前吃，某某藥則是沒特別規定。

常見的情況是，長輩堅持一定要在空腹時或是飯後才吃藥，如果一不小心打亂了規則，就不知道該怎麼辦，結果導致藥物沒有按醫囑每日服用，然而事實上並不需如此嚴格。

只是任憑子女怎麼解釋也說不通。困難常不是在於長輩無法理解醫學上怎麼要求，而在於規則太多。這個藥空腹，那個藥飯後，另外這個藥都可以，實在很難搞清楚、背明白，最後通通變成「堅持一定要吃東西後才吃藥」，於是就被認為長輩很固執。

這種「固執」或許是為了適應需要服藥的生活，所發展出來的一種「化繁為簡」的應變法。

學習新事物能力的減退

當我們老化，我們的大腦就如同一台老舊的智慧型手機。

有天，老媽媽急忙撥電話來問路，因為她找不著跟親戚相約聚會的餐廳。正在上班的你，急促地說明了兩句路該怎麼走。

老媽媽聽了聽，掛斷電話後，找了十分鐘，還是找不著。又來電再問了一次，她還是有點弄不清楚方向。

你請她上網查查。她說上網太麻煩。你邊開會，邊用自己的手機偷偷查詢，然後再把地圖截圖傳給她，看圖總是比較容易。

過了幾分鐘，她又打電話來說老花眼，截圖看不到。

你繼續開會，再利用Google地圖軟體，將餐廳位置定位發送給媽媽，傳簡訊告訴她，利用Google地圖功能，GPS可以帶她走到餐廳。你心裡想，這回應該沒問題了吧？

又過了幾分鐘，媽媽打來說：「這到底怎麼用？」

你壓低聲音，但是氣呼呼地對著話筒說：「我在上班啊，妳為什麼這麼固執？不願意試試年輕人的方法。那個按一按，就會跳出來，很簡單。」

因為你並不清楚，其實媽媽的大腦已經不如從前。

曾經智慧的手機，如今ＣＰＵ運轉變慢，已經沒辦法順暢地上網搜尋新知。無法再擴充的記憶體，塞滿從過去到現在，各種重要或是不重要的內容，僅剩下不多的空間，難以再儲存更多的資訊。

電池老化，就如同下降的體力一般，需要時常休息、充電。僅僅剩下簡單的收撥電話功能，於是最能完成的動作，就是打電話給你。

當我們的學習能力下降，困難於學習新知，就僅能守成往日印象，不知不覺中，成了所謂的守舊一族。

最常見的例子，就是罹患了失智症的長者，受到疾病的影響，大腦功能退化，無法習得新鮮事，但卻還能操作過去他所擅長的工具或事務，因此常讓親友誤解地問：「她到底是不是故意的？為什麼電鍋按鍵只有兩個，都會按錯，但是仍然可以打出毛線衣？」

我有些失智個案，不管是種花、種菜，仍然是一把罩，但卻連按下遙控器開關，都常弄錯。

他們並非「不願意」接受新事物，而是已經「無能力」處理新資訊。

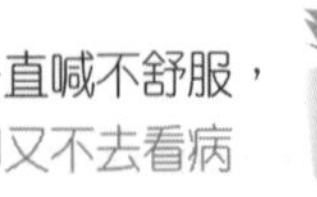

看到固執背後的生命故事

琪琪是個獨生女，從小由母親撫養長大。父母離異後，父親便斷了聯絡。琪琪的母親中年才得女，即便是單親家庭，為了讓她像一般女孩一樣成長，不但兼好幾份差事，平日生活也是省吃儉用。

對於和琪琪有關的大小事情，母親卻從不馬虎。即便忙碌，遇到學校舉辦親師會，必定請假出席。各種才藝補習，也沒少過。漂亮的衣服、髮飾，更是樣樣不缺。校外教學、畢業旅行，就算是標會來付錢，母親也絕不喊聲苦。終於琪琪大學畢業，順利在外商公司就業。

在社團活動裡，琪琪遇到了條件優秀，而且互有好感的心儀對象。對方是個台、美混血兒，高大帥氣，具有外國會計師資格。交往了一陣子後，琪琪如實告知母親。本以為男友條件不錯，個性也開朗活潑，應該能輕鬆過關。沒想到卻遭到母親大力反對，不管琪琪怎麼想方設法，媽媽就是無動於衷。

問媽媽到底反對哪一點。媽媽竟回答，她堅持琪琪絕對不能嫁給外國人。

琪琪非常痛苦，朋友勸她去看精神科門診。

聽完琪琪的故事，醫生輕輕地回答：「需要協助的或許是妳的母親。想想她一輩子為妳而活，或許不願面對妳長大成人，有了對象，可能會組成新的家庭。母親婚姻問題帶來的創傷，或許未曾真正處理，只是把心力都花在照顧妳，暫時轉移了傷痛。」

琪琪啜泣地說，她很愛媽媽，所以才不願在母親不認同的狀況下結婚。

琪琪逐漸理解，媽媽的固執，並非是討厭外國人，而是認為這段關係是否門不當戶不對，擔心女兒是否會像她一樣面臨婚姻難題，擔心女兒會遠嫁他國，離她遠去，擔心自己還不能適應沒有女兒的生活。

憑藉著深厚的母女情誼，琪琪找了藉口，邀請母親一同接受心理諮商，協助並陪伴她處理這幾十年來壓抑的情感。那些因為婚姻不順所帶來的逞強，沒有自信，缺乏愛和安全感，以及害怕別離。

長輩握在手中的有限，於是對於還握在手中的，更執著

洪伯伯由兒子陪同前來就醫，原因是他心情沮喪，已經好幾天沒吃、沒睡，血壓飆高，心跳也變快。

兒子看不下去，好說歹說地帶他來。

問診時，洪伯伯承認自己情緒不佳。我問他最近有沒有什麼壓力。

他哭著說自己的老同鄉幾個禮拜前中風，出院後，被送到遠地的安養院去了。一想到這件事，他就睡不著。

兒子在一旁聽見了，立即勸說：「周伯伯只是搬走，你就這樣要死要活的。」

洪伯伯邊搖頭邊回答：「你們年輕人不懂啦。我的老朋友就剩下這幾個。前年老張死了，去年老李跟著孩子移民了，現在連老周都搬走了，就沒有人陪我下棋、玩牌了。」

看著洪伯伯情緒低落，兒子的內心小火山也跟著爆發，生氣地說：「他又不是你的情人，也不是我們的親人，而且他生病了，年紀也大了。到底要我說多少次，不要那麼固執，要想開一點。」

兒子按捺不住情緒，轉過身來問我：「我爸是不是有問題？他為什麼反應這麼激烈？」

我拍了拍兒子的肩說：「想想看，一個人若是擁有一百個，不小心遺失了一個。跟一個人只有五個，卻失去了三個……」

這句話一說，洪伯伯的兒子露出帶著歉意的眼神。他為自己口氣太衝，感到過意不去。

的確，年輕的我們，擁有許多的朋友，有時忙碌起來，一整年也未能跟其中之一見上一面。我們忙於各種工作或社團，少了一通電話，也渾然不覺。

但長輩握在手中的有限，失落的更多，於是對於還握在手中的，顯得更執著。

方法一：面對固執的長輩，不要急著生氣。

方法二：因為一旦關係破壞，更是難以處理。

方法三：先釐清情況，也不要期待能百分百改變老人家的性格。

方法四：在協助他們時，練習用委婉的方式來說明，保留對方的面子與尊嚴。

方法五：多找幾個台階，有助於解決僵局。

方法六：轉個彎，或許還能運用堅持度高的特質，改變實際的行為。

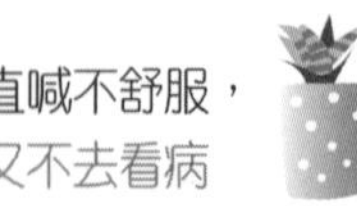

想盡辦法讓我們不離開她身邊？

阿龍是獨生子，他的母親年紀大了，罹患多種慢性病，需要人手照顧，但他需要賺錢養家，而目前的工作需要他時常出差，往返各地。在一番考量下，他勸說母親住進了安養院。

阿龍告訴母親：「我有空就會來看妳。這裡環境很不錯，而且隨時有人照料。妳如果臨時有狀況，就有人可以幫忙。這樣，我上班也比較安心。」

但母親希望阿龍天天到安養院探望她。起初，阿龍心想，一開始總是需要點時間適應，於是不論工作到多晚，他都盡可能地趕到安養院去探望。

母親看到阿龍前來，總是興高采烈地向其他住民介紹，這是我兒子。經過了幾個月，這種天天往返的日子實在是太過疲累。某天，他接到公司的指派，需要到日本出差幾天。他跟母親說，最近工作量變大，而且要出差，沒辦法天天來安養院看她。

母親口頭上說：「沒關係，我在這裡可以。工作比較要緊。」但是阿龍出差後，她變得焦躁，睡也睡不好，許多食物、餐點都不肯吃。

某天照顧員送餐點來時，勸說了她幾句：「阿姨，妳這樣吃太少了，要多吃點。」她竟然情緒失控，以頭撞牆。

安養院立刻打電話通知正在出差的兒子，阿龍隨即向上司報告家裡有緊急情況，所幸長官體諒，他急忙返國。一下飛機，便趕到安養院探視。

母親一看到他，情緒便恢復平靜，也肯配合吃三餐了。

阿龍看了又氣又無奈，對著母親說：「媽，我不是不來看妳。上次有跟妳說過了，我是去出差幾天。只要我回來了，就會來看妳。妳好好待在這兒。」

母親點點頭，說她可以體諒阿龍工作忙碌，甚至要他早點回去，但她心裡其實並沒有真的接受。

她想要的，是你的關注而已

很多父母上了年紀之後，心理狀態改變，對於自己的老化與失能充滿不安，轉而變得依賴子女。**或者是對於自己的價值感到懷疑**，當得不到自己所想要的，或是無法及時滿足時，**會用一些方式測試自己在家人心中的重要性**，甚至是想用這些方法，讓子女們不得不就範。

例如，母親三不五時地抱怨，說自己身體哪些部位不舒服，非常難受。等你放下手中的工作，十萬火急地趕到她身邊，卻發現她看起來人好好的。真的帶她去看醫生，做檢查，報告結果也大多正常。送到急診次數多了，說不定還會惹來醫師提醒，沒事就跑急診算是一種醫療資源浪費。

重複了多次，你才明白，長輩是虛張聲勢。**她想要的，是你的關注而已。更有甚者，就是威脅要自我傷害。**不管什麼雞毛蒜皮的小事，都能變成導火線。

於是，你時常接到的電話就是：「如果你現在不來，我就要跳樓。」或是威脅你：「現在不來，以後就看不到我了。」但每每你趕到了住處去，卻什麼事都沒有發生。

這種事情多了，就像童話故事中放羊的孩子。電話響了，你接聽起來，但聽到內容又一樣，你的心裡一邊忍不住想置之不理，但另一邊又想，母親已經年邁，會不會是真的生病了？會不會哪一次弄假成真，就真的走了？

子女的委屈與為難

阿龍痛苦地說，母親從小把自己拉拔長大。他為了工作，不能親自照顧她，心中也是有愧疚。但是自己賺錢才能養家，也才能有錢照顧母親。他雖然無法天天探望，但是幾乎大半的時間都有過去。阿龍說：「我不敢說自己做得有多好，但自忖不是一個壞兒子。」

阿龍越講越覺得委屈。阿龍是個工作認真的人，他老是請假，對同事及老闆很不好意思，承擔了不少內外的壓力。母親不但不能諒解、支持，反而一切都怪他。

傳統的世代，常把孩子當作是自己的財產。認為子女就是要照父母的意思來做，如果不從，就被說是不孝。但阿龍早已不是小小孩，他已經步入中年，有工作，也擁有自己的小家庭，他是獨立的個體，有自己的自主權利。

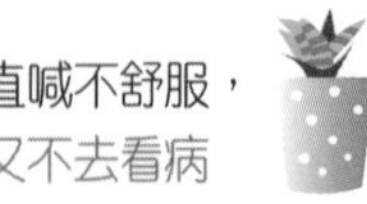

倘若父母長輩只是一味地想控制下一代，子女可能衍生出一種反制的行為，不理不睬，或是逃避不見面。

「他就這樣死了。這是我的錯嗎？」

我曾照顧過一位「被遺棄」的長者。他原本有兩個孩子，一個先天有殘疾，另一個碩士畢業，有正當工作。這位長者把自己的財產、退休金等，全部都拿來讓有殘疾的兒子花用，結果不到幾年便花費殆盡，長者轉而要求另一個兒子來資助。這個兒子付出了多年之後，自己也到了退休年齡。

某天，把長者送到養護機構後，兒子便人間蒸發，再也聯絡不上。最後，付不出養護費用的長者，由社會局接手、安置。

這個看似可憐的長輩，是否也有可恨之處？而這個貌似不孝的兒子，難道付出的不多嗎？

我也曾遇過一位老年的自殺遺族問我：「他就這樣死了。這是我的錯嗎？」原來他居住在遠地，有自己的家庭、工作和生活環境，但長輩拒絕任何聘請看護或是住進安養院的建議，執意要他立刻辭職、搬家，與他同住。

他試著說明各種為難處，也表示會向公司申請調職，但長輩怒掛電話，之後便輕生走了，徒留悲傷與喟嘆。

因此，**我可能會對阿龍說：「這沒有誰對誰錯的問題，也沒有哪個比較好的問題。你做得很好了，不要自責。這是生命的選擇。」**

要孝，不一定要順

當長輩逐漸變老，身體越來越不如從前，他們行動變慢，生活需要人協助，內心也會悄悄地隨之變化。他們可能會覺得自己不再有用，價值感減低，有種被邊緣化的不安。

如果對此沒有進行調適與轉念，還是與壯年時那樣，堅持成為社會或者是家庭的中心，那麼，長輩就可能會用各種方式，證明世界依然是繞著自己打轉。

例如，繼續干涉子女們的生活，並且彰顯自己在生活中的掌控權。而當一個方法

失效時，他們就會尋求其他的方法，有時就會變得越來越激烈。這些舉動，說穿了，就是想引起子女的關注，如同幼童哭鬧，想引起父母的注意一般。

儒家思想講孝道，我們的家庭社會，深受這種觀念的影響，但也有人開始討論，難道一定要孝順嗎？孝順，是什麼呢？是永遠陪在父母身邊？是完全聽從父母的建議？每個人要對自己的人生負責，當父母提出了不合理的要求，你卻無法處理，弄得情況更糟，這種孝順的意義何在？

於是，有人提出一種看法是「要孝，不一定要順」，我想這裡指的是**有愛護、奉養父母的心，但在做法上，則不必拘泥限定的方法，尤其是自己無法做到，或是不合理的方式。**

注意！可能是恐慌症

有種情緒疾病，可能會讓患者老是被誤認為是「狼來了」，就是「恐慌症」。這種患者平常好端端的，但會突然在某個不特定的時刻，猛然感到一陣緊張、害怕、恐慌，胸悶，有種吸不到氣的感覺。他們手抖、冒冷汗，覺得自己快要死了，或是覺得自己好像要發瘋了，有強烈的死亡威脅感，病人時常會誤以為是肺病或是心臟病發作。

前往急診或內科就診後，檢查卻又多半正常。由於發作的感覺令人驚恐，有些個案因此變得很害怕，會要求家人不能離開身邊。這種強烈的焦慮症狀好像一陣風，「來得急，去得也快。」在開始發作的幾分鐘內，達到症狀的最頂點。多半在半小時至一小時內，慢慢減輕、消退。

即使是檢查結果正常，患者還是會不斷擔心下次何時會再發作，產生所謂的「預期性的焦慮」。遇到可能刺激發作的情境，就會想「逃避」相關的人事物。但越擔心越易發作，越發作又越擔心，最後產生惡性循環，幸好這個疾病是可以治療的。

除了在日常生活裡，適度地自我抒解情緒之外，假設出現恐慌症發作，可以試著照著下面的方法來減輕症狀。

一、呼吸法

控制呼吸的速度，要慢，不要快。喝口水，坐下來靠著休息，可以緩和症狀。

二、轉移注意力

在特定的情境下發作時，要試著轉移注意力，離開會讓你有壓力的地方。你也可以試著做些放鬆的運動，伸展全身的肢體。

三、要停止負面思想

提醒自己，這種發作「不會使人心臟病發」、「不會使人停止呼吸」、「不會使人死掉」、「不會使人失控」、「不會使人發瘋」。

再接著置入正面的想法，像是「很快就會過去」、「我會越來越放鬆」或「我沒有事」。

如果運用這些方法，還是不能減緩症狀時，建議要前往精神科就診。醫師會依據個人的情況，開立適當的恐慌症治療藥物，並且可預備症狀突然發作時，可減緩不適的藥物來備用。

有不少長輩，經過治療之後，焦慮減輕，不再恐慌，又能如常生活。

當父母年老，子女在父母能力不足之處，才進行協助，而不是什麼都不讓他們做，這樣反而會讓父母的身體功能退化加速。

不斷猜疑、擔心與害怕，越活越沒安全感？

「你下午到哪裡去了？」達姨追著達叔質問行蹤。

「我去阿原家泡茶、聊天啊。」達叔弱弱地回答。

「跟阿原有什麼好聊的？聊到現在才回來。你是不是又跑到哪裡去了？」

「沒有啦。妳不要疑心那麼重。」

「你還不承認，剛剛阿珠打電話給我，說看到你在小吃店裡。」達姨搬出證據，興師問罪。

「那個哦……我只是肚子餓，去吃點東西啊。」

「那你剛才為什麼不老實說？」達姨更是氣呼呼。

「因為說了，妳又疑神疑鬼。整天盯著，我也受不了……」達叔忍耐不住，大聲吼叫起來。

達叔的子女不解地詢問，爸爸從以前就是交遊廣闊，年輕時，也有幾段曖昧關係，媽媽那時並沒有激烈反應，後來也事過境遷。如今兩人都已經是白髮老伴了，媽媽才開始在意爸爸的行蹤，甚至一言一行都很敏感。

爸爸只要稍微離家出門幾分鐘也不行。爸爸幾點幾分去哪裡，跟誰在一起，媽媽都要知道。晚上沒看到爸爸進房間，媽媽就不肯去睡。

媽媽整個人變得非常沒有安全感。

老化讓自信心流失

為何老後會缺乏安全感？或許是因為老化對一個人帶來身體上的改變，皺紋變多、容貌變化，影響了自信心。

如同站在土石鬆塌的古老城牆上，每踏一步，腳邊的土石細散崩落，無法放寬心地欣賞歲月淬鍊的美麗。也可能是過去生命事件帶來的創傷，隨著壓抑的力道減弱，在多年後開始浮現。

有**許多人在生命的歷程中，壓抑了自我，將重心放在他人身上**，就如同達姨一樣，她為了家庭而忍耐，一輩子為丈夫和孩子而活。

達姨總是認為必須與這個重要他人的連結穩固了，才算是在過日子。達姨擔心萬一這個連結失去了平衡會怎樣。她想像自己一旦失去了這個人，建構的世界就會毀滅。安全感就彷如從空中瞬間落地一般，摔個粉碎。

她失去的太多，不能再失去妳

鶯娟阿嬤從小在農村長大，她結婚後與先生共同打拚，育有二子二女，個性堅強、獨立。

去年初，結褵五十多年的丈夫，心臟病突然發作，所幸緊急送醫，裝了兩根支架

後保住性命。去年底，住在老家附近的大兒子，因為車禍驟逝。

接二連三的事件，似乎重重地打擊了鶯娟阿嬤的信心，讓原本就容易為小事煩惱的她，變得更加緊張兮兮。

同住的小女兒發現鶯娟阿嬤打電話給自己的頻率越來越高。內容盡是擔心、害怕，不管她怎麼安撫都沒用。

「妳出門要小心啊。晚上比較暗，過馬路要注意。」

「妳感冒有看醫生嗎？怎麼三天了，都還沒好？要不要去急診？」

「颱風好像要來了，會放假嗎？風雨那麼大，出門上班很危險，不管有沒有宣布放假，妳乾脆請假，不要去好了……」

「這麼晚了，妳怎麼還待在外面？公司聚餐？那個不重要，快點回家。」

為何老後會缺乏安全感？因為老年期不可避免地，會是生命中面臨失落最多的一段時期。生離死別不斷上演，讓那條以為平坦安全的路，變得如吃人不吐骨頭的虎口。

她不是不知道妳小病不需要跑急診，但她很難不去想，萬一要是嚴重病症，怎麼辦？

她不是不知道妳需要工作，但她很難不去擔心，萬一要是樹倒、路滑，妳受傷怎麼辦？

她不是不明白妳需要與朋友交際，但她很難不去想夜黑風高，妳回家遇到危險，怎麼辦？

有那麼多的擔心，有那麼多的萬一。就如同曾經戴在手上，以為恆久遠的戒指，竟遺落了鑲嵌於上的寶石，徒留令人感傷的戒痕。

因為她失去的太多，不能再失去妳。

兒子是他的浮木

南伯原本是個練家子。精通武術拳法，平日也很注重養生。他常自豪自己身體狀況堪比青年人。雖然單親撫養子女多年，但他把生活安排得多采多姿，親友也都覺得很放心。

豈知三個月前，南伯參加了兒子公司所舉辦的健康檢查，卻意外發現糞便有潛血反應，於是被轉介到直腸外科門診，接受一系列的完整檢查，包括抽血、糞便，以及大腸鏡的檢查。在大腸鏡檢查中，發現有異樣的組織，也做了切片，送化驗。

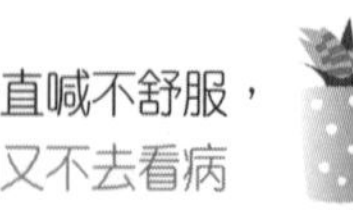

從那時候開始，南伯就變得緊張兮兮，非常沒有安全感。原本瀟灑開朗，騎個機車就到處趴趴走的個性，一下子變成排檢查要人陪，做檢查要人陪，回診聽報告也要人陪。

確診是初期的大腸癌後，即便是醫師婉言解釋，病情發現得早，只要接受正規治療開刀及化學治療，應該會有不錯的預後結果，但南伯緊張到全身冒汗，手腳發軟。

在等待醫院通知住院之前的那些日子，更是到哪裡，都要求有人陪。南伯在家中坐立難安，心裡就是莫名害怕、擔心，只好不停打電話問兒子何時返家。

倘若恐慌起來，南伯還會央求兒子能不能請假幾小時，提前下班回家來陪伴他。

兒子曉楠之前為了陪伴他做檢查，已經休了不少假，他想把僅剩的休假，保留到父親接受手術住院時，再來向公司請假。

「爸，你如果在家裡待不住，可以出去走走。醫生說你自己出門散步或是到附近買點東西，都是沒問題的。

「我暫時不好請假，這樣之後你住院，我才好跟老闆拜託，多休幾天。」

「我知道，我知道啦。不好意思啦。

「可是，可是……家裡電話一響，我就緊張起來……

「我好怕是醫院打電話來，說報告弄錯了，說其實癌症已經轉移，說我沒得救了，不用來開刀了……」

老爸爸並非不知道曉楠正在上班，理智上，他也知道自己目前的身體活動自如，沒有立即的生命危險，但他的心中害怕聽到壞消息，害怕失去健康與生命，害怕面對那些不可預測的未來事件。

這些負面的想法越繞越多，巨大的不安全感就像絲線般，纏繞在漂浮於海面的人身上，讓他無法游得動，於是驚慌失措地想抓著兒子當浮木，深怕自己無法游到安全的彼岸。

與自身安全感有關

安全感是怎麼來的？奧地利精神分析學家艾瑞克森（E.H.Erikson）提出，在個體發展的早期，發展的重要課題之一，就是要個體建立對世界最初的信任感。

嬰兒剛出生在世上，如果受到父母或其他照顧者良好的照護，獲得如母親般，發自內心、經常的、恆常的、可靠的，且足夠的慈愛，那麼嬰兒就會覺得舒適與滿足，進而產生最起初的安全感與歸屬感。他們會對周圍的人與世界產生信任，也會感覺到自尊、自信，產生對未來的確定感和可控制感。

精神分析學者佛洛伊德（Sigmund Freud）則是認為，當個體所接到的刺激超過了自己所能控制和釋放的極限時，個體就會產生一種創傷感、危險感、不安及焦慮。

心理學家馬斯洛（Abraham Maslow）則提出著名的「需求層次理論」。馬斯洛認為人最基本的生理需求——吃得飽，穿得暖。當一個人的生理需求大部分被滿足之後，更上一個層次的需要就出現了，那就是心理的安全感（psychological security）。指的是一種從恐懼和焦慮中脫離出來的信心、安全和自由的感覺，特別是滿足一個人各種需要的感覺。

馬斯洛甚至認為，**充分的安全感是決定心理健康的最重要的因素**。人本主義精神分析學家佛洛姆（Erich Fromm）主張兒童人格的形成，復演著人類心理的發展過程。在幼年時期，兒童完全依賴父母，父母給兒童施加種種界限和禁忌。此時的兒童雖然沒有自由，卻有著非常穩定的歸屬感和安全感。

隨著年齡增長，兒童變得越來越獨立，和父母的聯繫日益減少。這一發展過程的直接結果是兒童的歸屬感和安全感的喪失，因為他要單獨面對社會，他要對自己的行為負責任。

按照佛洛姆的觀點，現代社會給人們極大的自由，但與此同時，由於自由的增大，使得現代人與社會、與他人的聯繫日益減少，而個人的責任日益增大，因此現代人日益缺乏歸屬感，經常體驗到孤獨和不安全。

事實上，很少有人天生就有安全感。那麼，要如何建立安全感呢？精神醫學專家及心理學家給了一些建議。

一、不安全感是源自於內心深處，也就是不安全感是從自己而來，並非別人造成自己的不安

這種根源於內心深處的深層不安，時常與我們自己「對這個人或這件事的看法」有關，而不一定與「真正的表現或事實」有關。

舉上文的例子來說，事實可能是「檢查報告一切正常」，但是南伯心中所想的卻

是「這個病，會讓我就這樣死掉」。

當不安全感占據內心，就算醫師拿出所有的檢驗項目，一一說明，也無法讓南伯安心。

二、除了嬰兒之外，請別倚靠他人來給予安全感

甚至可以這麼說，別人無法給自己百分之百的安全感。**當我們倚賴他人來給予這種感覺，只會落入「尋求再保證」的無限迴圈。**

總是要對方不停陪伴，彷彿這就是保證他愛你、關心你，但是這樣的循環如同飲酒上癮一般，需要的劑量越來越重。

當耐受性出現，只要稍微喝少一點，就會出現強烈的戒斷反應，反而對彼此的關係帶來負面的影響。

受不了的一方開始逃避，另一方更覺得不安，於是索求的更多、更頻繁。終究亂了套，失去了平衡。

讓我們來做幾個能提升安全感的練習。

方法一：當不安全感襲來，別常說「不」與「可是」

許多罹患焦慮症、恐慌症、憂鬱症的病友，會詢問我除了吃藥，有什麼能改善症狀。我回應，且鼓勵他們，多出門、曬曬太陽、看看展覽、跟別人說說話、多些互動。但也時常被回以，「可是我沒力氣，可是我不會聊天……」千千萬萬種「我不行」。其實這都是受到疾病的影響，並非是人不行，而是不安全感作祟，讓人躊躇不前。

我建議練習不要常說「不」，不要常說「可是」。**只要衝破不安全感帶來的禁錮，你會發現原來如此，原來可以，原來我行。**體會安心的舒適感，逐步建立正向的循環。

方法二：停止自卑，建立自信

多數人習慣用外顯的東西來評價自己，例如美醜、高矮、胖瘦，或是錢財多寡。**每個人都有不同的特質，停止批判自己，練習愛自己，相信自己。**

在老年期，重新處理這個議題，的確不容易。我見過許多長輩，幼年失學，辛苦工作，把子女拉拔長大，實在令人敬佩，以為他們現在無後顧之憂，應該可以四處走

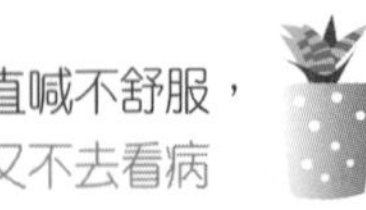

走，享受人生後半場。

但他們對於自己學歷低，缺乏信心。說自己不識字，如果沒有子女陪同，不敢一個人出門，也不敢參加銀髮旅遊團，更不要說去長青學苑，練習使用科技智慧產品了。

這個也不敢，那個也害怕，黯淡了銀髮光芒。

方法三：尋找新價值、新角色與新舞台

價值感與安全感有著密切的關聯性。許多中、老年朋友，過去風采翩翩，信心滿滿，一旦退休了，卻變得沒有安全感。

問他們怎麼了。他們常常會說：「自己老了，沒有用了。」

當人對自己失去了價值感，就會帶來更深的不安全感。銀髮族為何會這樣想？多半是因為把價值建立在太過單一的項目上。例如，認為有人追捧，才是有價值？或是產值高，才是有價值？但價值並非僅有一種定義。

隨著年齡增長，我建議不妨試試尋找新的價值、新的角色、新的舞台。老不一定等於舊。不執著於過去的時光，什麼都是有可能。

老爸與外傭太親暱，老媽吃醋，怎麼辦？

羅爺爺已經高齡九十五了，而羅奶奶雖然比丈夫年輕，但也已經八十歲了。考量雙親都已經年邁，於是家人聘請了外籍看護阿咩，在家裡照顧爺爺。

印尼籍的阿咩留著長長的頭髮，身高雖然不高，但是身材挺好的。來自熱帶國家的她，習慣穿著T恤及短褲，塗著橘紅色的口紅。阿咩個性活潑，時常把笑容掛在臉上，也時常阿公長、阿公短的喊，非常討長輩歡心。

起初，羅爺爺的子女覺得自己的運氣真是不錯，請到了一個好相處的看護。豈知

過了幾個月，羅奶奶氣呼呼地打電話跟兒子、女兒抱怨說，她覺得丈夫跟阿咩感情太好，彷彿她才是外人。

「妳爸爸以前半夜想上廁所，都會喊我起來。現在，他只會一直叫阿咩、阿咩。

「我跟他說醫生交代要出去散步、曬曬太陽，這樣身體才會健康，問他要不要一起去公園晃晃，他都推說很累，不想出門。

「可是阿咩勸他，『阿公，阿公，我們去公園跟其他人聊天、下棋，好不好？』他就笑得開心說，『好啊，好啊，現在去。』

「還有啊，妳爸雖然走路不方便，但是明明拿著枴杖就可以自己走，他就一定要阿咩來攙扶他。我覺得妳爸根本就是故意的。

「我如果叫阿咩多做一些事情，妳爸爸就說我這樣要求太多，會讓她太累。妳爸爸一定是喜歡上她啦……」

女兒連忙安撫：「爸爸可能只是覺得對方離鄉背井很辛苦，所以對阿咩好一點。都這麼老了，應該不會怎樣啦。」

兒子則是覺得，老爸近距離接觸到年輕辣妹，會有這種生理反應很正常。

但任憑子女怎麼說明都沒用，老奶奶堅持要辭退阿咩。

外傭覺得自己很無辜。

全家陷入一片混亂。

人老了，還會吃醋嗎？

吃醋與否，與年紀其實沒有多大的關聯性。吃醋，是因為你很在乎。吃醋，多半是因為「太害怕失去這段關係」，所以容易敵視另一半身邊的人，擔心他們搶走自己的配偶；或是太害怕感情變質，所以只能容許對方把目光集中在自己身上。

一旦認為有人搶走配偶的注意力，心裡就會開始不平衡，甚至胡思亂想，這就是吃醋了。

過去的研究發現，一個人生命過程中，若是經歷過原生家庭的問題，或是在親密關係中受過創傷，可能會缺乏安全感。那麼，這些人在關係裡會比一般人更敏感些，對另一半的占有欲，也會比較高，所以當伴侶稍微把注意力放到其他人身上的時候，就特別容易吃醋。

每一回，我在診間試圖為長輩們的行為緩頰時，偶爾就會踢到「過去的鐵板」，獲得「他以前就曾經背叛過我，信用值很低」的回應。

除此之外，也有心理學家說太愛吃醋其實是一種「自卑」的表現，然而「老化」所帶來的天然變化，容貌不如少時雪膚花貌，身形不比當年婀娜多姿，語調不若年輕時婉轉悅耳，可能就會增強長輩的自卑感，覺得自己隨時可能被其他人，尤其是比自己年輕的人比下去，於是對那些能夠吸引配偶注意的人產生敵意。

在台灣，主要的照顧者都是由配偶來擔當，所以當聘請看護來協助照護時，子女總以為「我也是為了那另外一半好」，想減輕父母之一的負擔。卻**很難體會到本來擔任主要照顧者角色的長輩，那種價值上的「被取代感」，那種「被認為無法勝任」的受挫感，都是形成「吃醋」行為的背後原因。**

子女的一片善意，卻換來一場家庭風暴。

注意！這可能是一種妄想症狀

在門診，除了上述的情形外，還有一種可能，就是奶奶已經出現嫉妒、妄想的症狀。**家人不明白這可能是失智症或是老年期妄想症的一種症狀，以為只是一般的吃**

醋。

妄想指的是思考內容出了問題。所謂「妄想」的定義為「與事實不符合，但個案堅信不疑的錯誤直覺、意念或想法」，且這些想法是非常堅定的。不管如何說明和澄清，也難以撼動。

嫉妒妄想是指患者認為配偶對自己不忠，搞外遇，再怎樣向患者解釋與說明也沒用，患者就是堅信不疑。此類型的妄想於失智症患者，屬第三常見。患者通常都帶有難以抑制的怒氣和強烈的不安全感，在日常生活中不停地捕風捉影。不管另一半做什麼、說什麼，都可以被解讀成移情別戀的徵兆。

以上面的故事為例，羅伯伯洗澡若是洗得時間長些，奶奶就認為他們在浴室裡亂來。吃飯時，多吃了幾口，就說是喜歡對方煮的菜。不小心穿了顏色鮮豔的衣服，就說是談戀愛了，才會注重打扮。

很多家屬起初都會半信半疑，而子女們最常見的反應就是更換看護，或是裝設錄影器材，但發現不管換幾個看護都沒用，或是透過監視設備，發現根本就沒有這些事，這才驚覺長輩可能是生病了。

人老了，就不需要性愛嗎？

當然，羅爺爺也有可能不是被冤枉的，就如同他兒子所說，食色，性也，是本能的產生了對於異性的欲望和喜愛。

老化並不會影響性欲。**老年人有性欲，相當正常。**人老了，並不代表就不需要性愛。在身體健康的前提下，老年人如果進行適當的性愛，對健康也是有幫助的。

根據國外研究，年輕時，若比較能享受性的歡愉且性生活頻繁的人，到了老年期仍會維持相當的頻率。倘若年輕時就已經是久久才有一次性行為，進入老年期時，性生活的頻率也不會太高。

研究顯示，老年人若有能力做愛，身體健康狀況通常比其他老人好。正常的性愛，也有助於減少老人憂鬱的症狀。以時間來說，老年人性愛在清晨效果最優，因為那時候體力比較好。

當夫妻進入了中老年期，如果兩個人彼此有默契與共識，那麼就算是無性，也能達成一種和諧。但如果其中一方還是想要，另一方不想，就需要想辦法處理，這是需要溝通的地方。

首先，男女本身有著先天生理上的差異。男性沒有像女性那樣明顯的更年期。但男性老年以後，睪固酮分泌減少，漸漸出現勃起障礙，射精量也不如前。不過對於男性來說，即便年齡增長，他們也還是不避諱表達出他們對性的渴望。他們甚至認為這就是健康、長壽的象徵。

我的門診雖然不是性功能相關的特別門診，但也曾遇到不少上了年紀的男士們，請我協助開立自費治療勃起功能障礙的藥物。由於這些藥物對心血管有些影響，我看到他們的病歷裡，琳瑯滿目的高血壓、糖尿病、冠心病，於是擔心地說，使用這些藥物，必須量力而為。建議他們到泌尿科或是心臟內科諮詢後再開立。

男士們雖然可以了解我是為了他們的健康著想，但他們常常告訴我：「醫生，妳不要看我這把年紀了，我還是很行的。我可是有好幾個女朋友。」

我性，故我在！

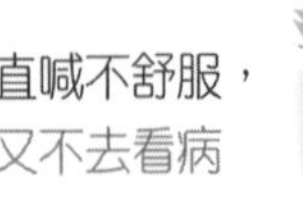

八十歲老奶奶說不出口的煩惱

相對的，女性在更年期後，身體內的雌激素減少，陰道壁變薄，變得更乾燥，潤滑度不夠，因此做愛時容易產生摩擦帶來的疼痛感，性欲也可能比過去來得減退，對性行為不那麼熱衷。

多年前，曾經有個高齡八十歲的奶奶被介紹來看我門診。她支支吾吾地告訴我她的困擾。

那便是八十多歲的老伴，依然性致高漲，時常求歡。奶奶想法傳統，認為就是一定要配合，結果弄得傷痕累累。她希望我能以健康為重的角度，幫她委婉處理這個問題。

我除了協助兩老進行良性溝通，設定合理目標之外，也建議奶奶前往婦產科就診。現在有荷爾蒙治療，透過治療，或許能改善乾澀及疼痛不適，更能享受性生活。適度的性生活讓人愉悅，擁有性生活的女性對婚姻的滿意和幸福感也會增加。

有些研究認為，性愛可以使體溫升高，陰道、子宮、卵巢血液循環變好，荷爾蒙平衡，頭髮、皮膚有光澤。透過和自己所愛的人親密接觸，可刺激副交感神經，降低焦躁情緒，放鬆心情，並帶來安穩睡眠的效果。

性生活帶來的親密關係對雙方有正面、積極的鼓勵。**老年期如果還要享有性愛，需把握「重質不重量，重情不重欲」的原則**。性的頻率並不重要，重要的是品質。做愛最重要的在溝通，兩個人能夠談情說愛，在整個性愛過程感到滿足，才會有快樂的能量，對身體健康也才會有所幫助。如果有一方被勉強，可能就會荒腔走板了。

性在婚姻和生活裡扮演一個特別的角色。如果夫妻缺少性，親密關係可能就會變得疏離，加上如果沒有其他共同興趣、心靈信仰或生活重心，就更容易疏離。

進入老年後的男女，對於性愛要求不該像年輕時，可以因應身體狀況，多一些愛撫或單純摩擦生殖器，不勉強才能擁有健康的性生活。當有需求時，不一定需要伴侶實質性交的協助，自慰也是性愛的一種方式。

隨著時代改變，能達成性愛目的的按摩棒、情趣輔助用品等越來越多，適當地應用相關產品，也是值得去研究學習的課題。若伴侶願意配合，性行為不建議太激烈，也可以藉由互相洗澡按摩、親吻取代。老年夫妻之間，可嘗試單純的指交、接吻、擁抱、愛撫等。

研究也證明，適當地滿足肌膚相親的接觸欲望，有利於老年男女的身體健康，不但可增強免疫防禦力，也有利於調整內分泌系統的功能。

最重要的是，由此而獲得一種心理上的滿足，共度智慧和諧的老年期。

注意！這可能是失智症

另外一種並不少見的情況是失智症。根據研究，大約有百分之五左右的失智個案，會出現所謂的不適當的行為。

他們可能會在公眾場合脫掉衣服，甚至暴露下體，也可能會對不熟悉的人說一些露骨、猥褻的話，或直接求歡，又或觸摸別人的身體私密部位，例如胸部或是下體等。這是受到疾病的影響，大腦失去抑制，無法做出合宜的判斷而直接以衝動的行為來顯現內在的欲望。

比較典型的個案，並不一定會針對特定的對象，也不一定會選擇身旁沒有人的時機。不只是外籍看護，過去就曾有過失智症個案出現此種不適當行為的對象是媳婦、女兒、隔壁鄰居等等的案例。

因為是疾病引起的行為，所以即使是更換外籍看護，也無法改善這種狀況。而在長期照顧的機構中，失智者不適切性行為的盛行率，甚至可以達到百分之二十五，尤其是以男性為主。而機構中擔任照顧服務員者多為女性，這都可能造成照護者心理上的負擔，並且會增加機構拒絕收住病人的可能。

雖然病人不是故意的，但這個行為帶來的困擾卻是不小。**對於失智者的不適當性行為，第一步要先確定這樣的行為，是否是身體的疾患或急性變化引起的精神症狀表現**，例如混亂、譫妄或是躁動行為。

舉例來說，失智者公然暴露的行為，是否只是因為誤認為自己在廁所裡而產生的舉動，或是因為他自行穿著衣服的能力下降而產生的誤解。

失智者被控訴性騷擾照顧者時，先試著去釐清，是不是因為失智者的表達能力不足，試圖以肢體語言來引起照顧者的注意所導致的行為。**尤其是在長照機構中，倘若沒有適當地處理這個議題，失智者很可能會被標籤化，甚至是被某些機構拒收。**即使是居家照顧的個案，也可能會被列入不良雇主的黑名單中，甚至遭到投訴或是法律告訴。

在「非藥物治療」的策略上，建議對於失智者的行為設定限制。鼓勵合宜而適當的行為，而對於不適切的性行為，則應予指正。

例如，避免對於黃色笑話給出正面的回饋。另一方面，**我們必須理解到，即使是**

失智者，仍會有生理本能的性需求，因此建議配偶多增加擁抱、按摩、握手等肢體接觸，甚至協助沐浴等。

若是在長期照護機構，建議配偶去探視時，可給予上述的肢體接觸，以降低失智者在機構中發生不適切性行為的可能性。

倘若配偶無法處理，也可以提供安全的自慰物品給失智者，進行感官刺激治療，來取代實際的人體接觸。

當行為治療的方法無法達到成效時，藥物的治療，或許是另一種考量。多數用於治療失智症的激動行為或是失序行為的藥物，對於不適切的性行為，也具有部分的效果，但這些藥物具有相當的副作用，建議諮詢老年精神科專科醫師後，視情況小心使用。

當長輩出現這些困擾時，不論是家屬、醫護人員或照護服務人員，都應以尊重長輩本人、配偶，及被騷擾者（被吃醋者）的態度。先釐清情況，鑑別診斷，以避免不必要的誤解及歧視產生。採取適當的策略，並慎重處理後續帶來的問題。

老年的性生活與年輕時的性生活一樣是健康的。性需求在老年期，也需要被重視，合宜地協助老人滿足性的需求。

當父母明明可以處理，卻要把問題丟給子女時，父母需要的，可能就不是實際的幫忙，而可能是隱藏在事物背後，更為重要的需求，那就是心理的支持與鼓勵。

人老了，就愛話當年？

「哇，這麼巧，你也來坐高鐵。」

「對啊，今天正好有事要去台南一趟。」小男沒想到會遇到退休的副總，基於禮貌，點頭寒暄了幾句。

「辛苦啊。哪像我，現在退休了。沒上班之後，有點無聊。」副總以前都是衝衝衝的性格，退休了還是活力充沛的樣子。

「是啊，沒休假還嗡嗡嗡。有點忙。」小男回應道。

「雖然假日還要出門，是有點辛苦，但是你們這一代還是比不上我們那時候啦。」副總露出一副你還太嫩的表情。

「想當年，我還在上班的時候。那時候沒有高鐵這種東西。

「不要說高鐵了，連台鐵的票都很難買到。有時候行程很趕，臨時決定要去這去那的，哪來得及先買票。

「你們現在都用手機，按一按，就買好了。以前我們可是要跑到火車站去買票。」副總比手畫腳，講到過去就很開心。

「所以我都是自己開車。練就高超的技術。你猜猜看，我從台北開到高雄要開多久？」副總越講越興奮。

「猜不到吧。我體力很好的，中間頂多下去上一次廁所。大概四個小時我就飆到了。接我的人，看我抵達目的地，眼睛睜得大大的，不敢相信哪。車一停好，我直接上場簡報。大氣都不喘一下的……」

小男還沒接話，副總倒是不以為意，沉浸在自己美好的回憶中。

愛提當年勇，是普遍的人性

常說，人上了年紀後，會變得不太愛聽人說話，反倒愛提自己的當年勇。這樣講其實有點不公平，即便是才剛踏入中年的我，都免不了跟住院醫師談起，想當年我一個人，在沒有實習醫師幫忙時，照顧多少病患，又或是整夜在急診處理緊急個案，隔日依然精神奕奕地上了整天班的英勇事蹟。這種喜愛談論過去的豐功偉業，或是緬懷人生中某段綺麗時光，可以說是普遍的人性。

在談話中成為主角，看到後輩投以欽佩的眼光，或是因為難以想像的驚訝而發出讚嘆聲，著實讓人感到滿足。往日光輝歲月，換來今日虛榮片刻，有種飄飄然的快樂。

用現今的角度來看，那些所謂的當年勇，恐怕已無什麼價值，講的人口沫橫飛、滔滔不絕，聽眾的感受就不一定了。

父母「多說話」的好處

根據科學研究，老人家如果多說話，甚至是反覆說同一件事，都有助於提高記憶力。

因為每次說話時，都需要活化大腦。首先是經過思考與驅動，接著進行語言的提

取與組織，最後是運用聲帶口咽等器官來發出聲音，因此多說話可以刺激大腦細胞。

長輩能不停地有自發性的語言，這也代表他的腦部語言區有著許多活動，能在一定程度上增進認知功能，**預防失智症**。

也有研究認為，經常說話的人，可以使口腔肌肉和咽喉得到鍛鍊，而減少嗆咳發生，也有利於保持耳咽管的暢通，使耳朵內外的壓力保持平衡，**對於聽力有保健作用**，而說話時也會帶動眼肌和三叉神經運動，進而防止老花眼、老年性白內障和視力減退。

既然說話有這麼多好處，我當然不會建議長輩少說話，而是我們要練習當個有技巧的聆聽者。

即使已經聽過許多次，也不要回說：「這你上次說過了，我都會背了。」即使明知他說的內容有小小的膨風（誇大），也不要戳破他。

不要只聽到他的內容不合時宜，要聽到他想與你分享的美意。這種聆聽，是一種體貼。

多說話，增強父母信心

這種「愛話當年勇」的特質，其實也是有派上用場的時候。**在老年精神醫療的場域中**，不論是病房、日照中心，或是門診團體，**時常會應用「懷舊治療」的方式，來帶**

領老年患者。

每回設定一個主題，邀請所有人進行分享。起初長輩們彼此不熟識，通常需要多次鼓勵，但一旦成員中有人勇於開口，就能形成一股流動的力量，喚起過去美好的回憶。交流了情感，也能增強他們的信心。

陳伯伯平時最愛跟我重述他當年如何高考通過，分發到某機關任職，幸運地遇到賞識他的長官，不但拔擢年紀輕輕的他當主任，還讓他奉派出國進修相關事務，成為當時台灣的第一批生力軍。

那天傍晚，看到他心情極佳，神采飛揚，我才知道當天的懷舊團體主題是聊到「過去的工作」。

陳伯伯唱作俱佳地講述自己戲劇化的生命故事，帶動全場熱烈討論，氣氛歡樂，帶領者也給予他極高的肯定。

如果說話的是失智者

當失智症碰上愛提當年勇，重複述說的可能性會更頻繁。

失智者不記得自己曾經告訴過你，於是一而再，再而三地重述。隨著病程變化，故事的內容也開始模糊。這種重複的頻率與一般情形不同，因為一天說個幾十次、幾百次都有可能。

照顧者對於這樣的重複言語，不免感到厭煩。我建議：

方法一：強化自己的心理建設，子女需明白這是失智症常見的症狀之一

失智者並非故意要煩你。如果是語言功能退化的個案，有時候，我反而會根據他之前告訴我的故事，幫忙腦補接話，好讓一句話不會斷斷續續，能讓他在更短的時間內完成述說，滿足想述說的情感需求，減少認知功能減退帶來的挫折感。

方法二：採取輕鬆的方式應對

當失智者重複述說時，並不一定需要我們很認真地理會他。你可以一邊忙其他事，一邊聽他說，只要適時發出「哦、嗯、這樣啊」這類的語助詞來回應即可，甚至也可以採取「左耳進，右耳出」的方法來相應。

方法三：也可以試著用轉移注意力的方式

例如，岔開話題，或引導到別的事物上，也能減輕這個症狀持續的時間。

不停碎碎念，怎麼辦？

「我待會兒要出門，晚上跟同事有約。」芯婷說。

「要去吃什麼啊？」老媽坐在沙發上，開始進行拷問。

「公司辦的慶生會，好像是吃燒肉。」芯婷老實回答。

「年輕人就是不懂得愛惜身體，吃燒肉不健康。」老媽開始碎念。

「氣象報告說晚一點會下雨，妳雨傘帶了沒？」窗外烏雲滿天。

芯婷把雨傘從包包裡拿出來晃了晃，表示自己有帶傘。

「怎麼帶這支？這支傘是防曬的。雨太大就不好用了，換一支。」芯婷從善如流，趕緊換了一支強壯粗勇的大傘。

「外套帶了沒？下雨，氣溫就會降低，要帶件外套。」老媽繼續碎念。

芯婷再從包包裡拿出預備的薄長袖外套。

「這件不行，這件太薄又透風。要帶那種防風的，最好是有帽子。」沒想到老媽還是不滿意。

「好，改這件比較厚的。那我出門囉。」芯婷立馬換了件風衣外套。得在頭更痛之前，速速出門去。

本來就愛碎念

年節期間，是許多子女感到又期待又怕受傷害的時候。長期在外地工作的子女，許久不見家中長輩了，他們計畫回家過節，期待可以團圓，共享天倫之樂。可是回家之後，父母便開始碎碎念。

見你身形變瘦，就說你是不是三餐都不定時，還是淨吃一些不健康的食物。你休假在家，晚睡又晚起，就念你生活沒規律、太懶散。遇到要出門的時刻，就說你衣服穿得不夠，或穿這樣不好看，頭髮應該要弄一下，更不要說催婚、催生了。而且睡得夠不夠，吃得飽不飽，都是照長輩的標準來訂的。

子女一聽到這些話，心裡想著自己都已經四、五十歲了，還是被當作小孩來看待，彷彿回到得唯父母命是從，事事要按父母的規定走的年代。子女常常覺得厭煩，甚至氣得跳腳。

討厭被碎念的子女，可能採取消極抵抗的策略。他們一回到家，就讓自己待在房間裡。他們能不跟父母互動，就盡量不接觸，以免讓父母有機會念自己。**當然也有些子女採取攻勢，**跟長輩鬥嘴、辯論。有時擦槍走火，就產生口角、衝突。

父母學著尊重子女，子女學著體會父母背後的心意

遇到事情會碎念個不停，可能是表示人對一件事情感到擔心，藉由這個動作來舒緩他的焦慮，但如果他擔心的事沒有得到解決，就會讓他們更加焦慮而反覆碎念。

很多長輩是靠這些瑣瑣碎碎的問題，來確認「你現在是不是過得好」，「是不是

有什麼可以幫忙的」。長輩的心中一旦累積了擔憂，就會忍不住挑剔，忍不住碎念，他們執意認為這些叮嚀是為了你好。

雖然父母起心的根本可能是善意的，但隨著子女長大，子女會有自己的想法，自己的事業與知識，這些與父母所理解的方法不盡相同，但是父母還是習慣用過去那種方式與孩子互動。

他們害怕子女受傷、害怕子女吃虧。他們認為子女這樣做不好，要那樣做，才會更好，他們希望子女照著自己期待的方式做。因為父母可能認為一定要這樣，他們才會覺得安心，也才會覺得有安全感。

但當子女的反應與父母預期的不一樣，這就會讓父母覺得無法預測，反而加重了他們的不安感，然後就是更加碎念的循環。然而，子女所感受到的，卻是父母不了解、不在乎自己的感受，只想像以前一樣掌控自己。

但子女早已是成年，甚至是壯年的獨立個體，他們想要的是做自己。當子女已經長大，有自己的想法、有自己的人生時，他們想做的，也需要學習的，是對自己的人生負責。

這樣的親子之間，其實並不是缺乏愛，而是缺乏相互尊重。真正不在乎的人，也就不會碎碎念了。

面對這樣的情況，我**建議父母試著學習尊重子女、信任子女，尊重子女有他們自己認同的生活方式。**

當父母碎念時，子女厭煩歸厭煩，生氣歸生氣，但我**建議子女試著去體會父母背後的心意。子女還是可以做自己，因為這不代表不愛父母。**

就算不按照父母想要的方式去做，也不代表子女就不會獲得幸福，更不代表彼此沒有情感。**我做我自己，你做你自己，但我依然愛你。**

老來愛碎念

有些長輩，則是上了年紀才會出現碎念的「症頭」。

接下來這個場景，大家應該也都不陌生。某個舒爽的晚上，吃過飯後，從國中校長一職退休下來的歐伯伯，與全家人聚集在客廳。就像數以千萬計的台灣人一樣，他們打算坐在電視機前，享受歡聚的時光。

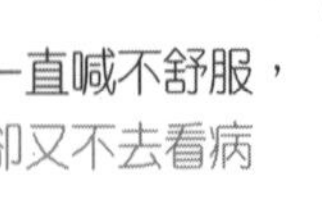

節目上，出現幾名搞笑藝人正在演出互相惡作劇的戲碼，歐校長開始數落：「惡作劇這種風氣真是要不得，很多人都不分輕重，哪一次弄假成真就糟糕了。看不出這有什麼有趣的。」

廣告時間，穿著美麗、端莊的女星，正在推銷最新的高科技家電用品。歐校長又不以為然了：「冰箱就是拿來冰東西的，省電、容量大就好了，要有製冰機功能做什麼？又不是天天在家裡開趴？這些功能加上去，變貴太多了。如果是我，才不要買。」

轉台到音樂歌唱節目，參賽者正哽咽地談起練習準備的辛酸，以及不被家人看好的委屈，歐伯伯又有意見了：「這個人唱得很好聽，唱歌就是要這樣唱，但是唱歌當興趣還可以，想當歌星不容易啊，又不是每個人都會紅。爸爸媽媽不支持是當然的，會擔心啊。以後生活過不下去，怎麼辦？」

轉到新聞台，主播開始播報氣象，下週起可能會有寒流來襲。「現在主播也都是語不驚人死不休。講個寒流，也一定要講什麼霸王級寒流，好像不這樣講就沒人要看一樣。上次也是這樣講，結果一點都不冷，害我穿了好幾件衣服出門，熱得要命。」

歐伯伯的兒子不禁在心中吶喊，可不可以不要再碎念了，看個電視也不能安寧。

無論轉到哪一台，你都有意見，什麼都能嘮叨，什麼都能評論，什麼都能碎念，實在是受不了。才過了一個小時，兒子就趕緊找個理由，逃進房間了。

觀察發現，碎碎念的原因，可能是情緒上的負面能量累積需要釋放，或是生活缺乏其餘的樂趣或重心，當沒有完善的退休計畫，也沒有參與外在社團的動力時，許多人就轉而對著周遭親友碎碎念，來緬懷往日時光，不只是對著電視機，有時甚至對著空氣，都能傾瀉負能量。

不過，**這也可能是對於自己存在感低下的一種反應**。因為過了大半輩子的人生，步入老年，自己卻不再是家庭中的主角。**那些嘀嘀咕咕、那些雜念，某種程度會讓他們覺得「成就感」提升，「存在感」提升，「參與感」提升。**

病後變碎念

但如果是受傷或生病後變得很愛碎念，那麼，**可能是受傷或疾病引起的身體不適，讓他們感受到自己的能力減退，而這會促使他們對身體的老化、疾病帶來的失能，**

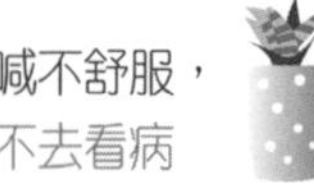

產生擔憂。

例如，發作過心臟病的長輩，根據統計，約有三分之一會出現恐慌、焦慮的問題。他們會莫名地擔心心臟病下次不曉得什麼時候還會再發作，他們擔心要是發作了，該怎麼辦，要是旁邊沒人來救，會怎麼樣。

生病的經歷，也會讓人對於健康相關議題變得過度擔憂，從而形成碎碎念。

例如肝臟疾病的患者，倘若看到你熬夜過後，臉色較差，就會碎念你是不是睡眠時間不夠，這樣會傷肝。

如果你參加聚餐，喝了點酒，他也會念你這樣不好，會傷肝。看到你在吃藥，更會碎念說吃藥太多不好，會傷肝。這些原本是他心中的擔憂，甚至是他對過去自己不愛惜身體的後悔，都成了碎碎念。

這種情形的碎念，需要我們用同理心去感受。他們或許只是需要堅定的安慰，甚至是我們用強硬的口吻來回答，這都比起不理不睬，或避而不答，反而會讓他們更安心。

當人一旦感到安穩妥當，心中就好像有個開關頓時鬆開了一樣，不再需要用碎念來處理身心的不適。

面對愛碎念的長輩，有幾個方法，不妨試試看。

方法一：使出LINE魔法，碎念變無聲

高婆婆是傳統的家庭主婦，她的一生都以持家、照顧子女為重，也總是為了後輩操心太多。從年輕到老，家人無不覺得她很「雜念」。

以往高婆婆總是會打電話來，一再重複各種生活中的瑣事。衣服要洗、鞋子要換、出門要鎖……或是再三交代已經講過上千次的內容，但講的事情大多不是很緊急的事，例如，又想到了哪些事沒做，或是又聽到了哪些傳聞或小撇步。每次電話一講，高婆婆就至少是半小時的碎碎念轟炸。

但有趣的是，自從有了智慧型手機和通訊社群軟體（LINE）的出現，就解救了高婆婆一家。因為家人成立了一個家族群組，他們也教會高婆婆如何使用手機。

家人告訴高婆婆，如果有什麼重要的事，可以「打字」傳訊，或是「拍照」張貼在群組上，也可以「錄下語音」。

這樣就減少了高婆婆直接打電話，帶給子女的煩擾，子女也能在空閒時才回覆。

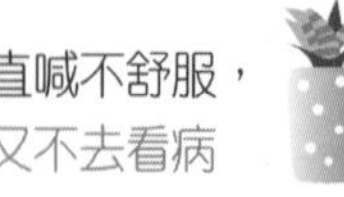

不管想不想聽，子女都可以來張可愛的貼圖，加以回應。這讓高婆婆覺得有人回應她，她感到非常開心。這就是新式科技產品的妙用。

方法二：孫子大王牌，轉念消碎念

水龜伯是個大嗓門的老師傅，急公好義，熱心成性。水龜伯的媳婦懷孕待產，水龜伯不停叮囑媳婦別亂走動，好好養胎，這個事不要做，那個重物不要提。

水龜伯的產後規矩更是一籮筐，而隨著孫子逐漸長大，水龜伯也開始對養育孫輩的方式有意見。

「黑白字卡不錯，嬰兒音樂也不錯，但從小就聽英語ＣＤ，有用嗎？」對於水龜伯經常性的碎念，兒子、媳婦盡可能耐心聆聽，避免與之爭辯。

但下班回到家，已經很疲累了，還要接受父親善意的洗禮，實在是吃不消。後來孫子開始牙牙學語，水龜伯的媳婦靈機一動，就請他擔任孫子的台語小老師。**媳婦訓練兒子從小和爺爺聊天，轉移爺爺的注意力。**

小小嬰兒正是需要與人多互動的時期，正巧滿足了爺爺喜歡碎念、說教的需求，皆

大歡喜。

方法三：轉移注意力

除此之外，也可以試試**只要一聽到父母碎念，就立刻找個藉口**，例如倒茶水，或是遞水果，讓老人家喝水潤喉，吃點水果，以轉移他們的注意力，然後**再趁機開啟新的話題，避免在同一個主題上繼續打轉。**

這個方法對於上了年紀，注意力與集中力已開始退化的長輩，挺有效果的。

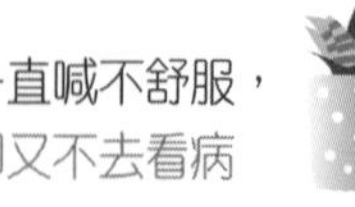

不肯吃醫生開的藥，認為傷肝或病已經好，怎麼辦？

「請問你有慢性疾病，例如高血壓或糖尿病嗎？」身為一個老年精神科醫師，對於初診的老年病患，基本病史詢問是一定要的。

「有。之前醫生說我有三高。」寶嬤老實回答。

「控制的情形如何？有規律吃藥嗎？」我繼續問。

「沒有啦，醫生。她都不照醫生開的吃。家裡剩了一大堆藥。」寶嬤的女兒逮到機會告狀，開始報告寶嬤都不遵照內科醫師的處方，根本控制不良。

「阿嬤，為什麼不吃呢？是吃藥會不舒服嗎？」我試著找出理由。

「不是啦，醫生。我聽人家說，吃西藥會傷腎啊，所以我就不吃。」寶嬤一副理所當然的樣子回答。

「阿嬤，妳血糖那麼高。不吃藥，才真的是會傷腎啦。這個一定要吃，血壓藥也一定要吃。不控制的話，血管會壞掉啦。」我進行好言相勸大作戰。

父母對藥物易有過度或是不理性的擔憂

長輩們根深柢固接受了吃藥就是有副作用。藥吃多了，不是傷肝，就是傷腎等觀念。雖然說，正確地使用藥物，了解藥物的效果與副作用是非常重要的一件事，但這種**過度或是不理性的擔憂，造成長輩藥物使用的遵醫囑性變差，甚至拒絕治療，反而帶來更嚴重的後果。**

臨床上，其實看到不少年長的病患罹患癌症或是嚴重的感染性疾病，卻因為害怕治療的副作用而迴避接受治療。其實，在醫學上，這些疾病目前有了許多不同的治療方式：開刀、化學治療、抗生素治療等，治癒率或是五年存活率都不差。

令人感到遺憾的是，這些病患擔心開刀後，個人會失去身體的某些器官或是改變外貌，或是認為化學治療非常傷害身體，拒絕接受醫師建議的正規療法；等到病情惡化，往往為時已晚。

有幾個名人案例，或許也能拿來與長輩分享。例如蘋果電腦的創辦人賈伯斯先生，罹患了胰臟癌，起初卻不願意接受手術，不幸因此疾病而過世。

深受長輩喜愛的本土藝人豬哥亮先生罹患了大腸癌，發現時，卻未立即接受手術治療，拖延到後來才開刀，但病情已惡化。

另外，還有知名藝人高凌風先生，罹患白血病，但未能遵照醫囑，完成治療過程，這些都是令人遺憾的例子。反而國際知名影星安潔莉娜・裘莉，因為帶有家族遺傳性的乳癌基因，選擇預防性開刀，切除乳房，目前身體狀況尚未聽聞有不佳的報導。

父母對藥物有疑惑，常在心中亂猜想，或到處聽別人說

即使是一般常見的慢性疾病，例如高血壓、糖尿病，部分長輩可能都因為不理性

地擔心藥物會傷腎、傷害腸胃，而不照醫師吩咐，每日服藥，結果血壓控制不佳，血糖控制不好，最終反而損傷腎臟功能，導致需要洗腎的結果。

我發現有不少長輩都對藥物抱持著種種疑惑，但是又不直接開口詢問醫師，只在心中自己亂猜想，或是到處聽別人說。

倘若能有機會直接向醫師詢問目前所服用藥物的副作用，或是該注意的事項，反而能減少他們自己的誤解，所以我總是不厭其煩地在門診詳細解說。

另外，大部分的醫療院所都有專業的藥師，提供藥物諮詢的服務。**我建議大家如果對自己目前服用的藥物有疑慮時，請不要自己任意增減藥物的劑量，或者是使用的頻率，請先向自己的醫師，或者是提供藥物諮詢的窗口加以詢問**，才能用正確的方式使用藥物，幫助自己治療疾病，並且減低副作用。

若仍擔心，可以進行肝、腎功能的檢驗

如果經過詳細的衛教，長輩仍然擔心使用藥物會傷害肝、腎功能，這時也可以嘗試搭配健康檢查的時間，或者是固定追蹤療效的時間點，進行肝、腎功能的檢驗。

讓長輩知道自己在目前藥物使用的情形下，肝、腎功能保持的情況，這樣多半都能減少長輩對藥物副作用的憂慮。當然，也要避免同時攝取造成肝、腎負擔的食品，並配合適當的生活飲食、衛教。

部分藥物的服用或使用，需要注意一些搭配的生活細節，例如服用的時間，或者是能不能與某些食物或者飲料一起服用，所以**在回答長輩對於藥物副作用的擔憂時，也可以藉機教導他們健康生活和飲食的方式。**

例如，服用某些藥物的時候，應該要搭配飲用大量的溫開水來保護身體，減輕副作用，或者是某些藥物會特別註明不可和酒精同時攝取，所以治療期間不建議飲酒，又有些藥物是建議不要和牛奶等食物一起服用。

有時候**將這些內容告訴長輩，讓他們對於如何使用藥物的方法有所依循，反而能降低他們的焦慮，也減輕他們對於藥物副作用的疑慮。**

高血壓、糖尿病等慢性病，僅能控制，無法治癒

身體上的疾病有部分是可以完全治癒的，舉例來說，身上發現了一個脂肪瘤，經

過醫師評估後，可以逕行摘除的動作。當手術順利，成功割除了這個良性腫瘤之後，可以說這個疾病是完全治好了。

但是在老年期，大部分的疾病都是所謂的慢性病，最常拿來做例子的就是高血壓、糖尿病。

當老人家說自己的病已經治好了，不用再吃藥時，我們可以向他舉例說明，**有些疾病只能控制，並沒有所謂的治癒。**

目前穩定的情況是因為有規律服藥，接受治療的關係，就如同使用降血壓藥物來控制自己的高血壓，所以目前量測到正常的血壓數字，是因為有服藥控制的成果。

輯二

身為父母

需要學習如何適當地表達自己的需要，

如何說出內心需要協助的想法，不管是外在的或是內在的需求

老是這裡疼、那裡痛，但上醫院，又查不出問題？

「醫生，不好意思，請問一下，我媽老是說她這裡疼、那裡痛，這要看哪一科？」高奶奶的兒子似乎想問這題很久了。

「這樣範圍有點大。可能要先看骨科，或是神經科……」我心中不免OS，我是精神科啊。

「醫生，妳說的那些，我媽說她都已經看過了，好像也做了一堆檢查。她說醫生都說查不出問題，回家後又一直抱怨，所以我想問問妳的意見。」

像高奶奶這樣的「醫師考題」，也是每個月都會出現在我的門診。不僅是考我的內、外科知識，也讓我一遍又一遍地複習如何鑑別身體與精神這兩大不同方向的疾病。

人體確實是一個奧妙的器官，身、心並非大家所想像的，是分開的，而是相互影響的共同一體。身體會影響精神心理，情緒認知也會影響身體。

上述的情形有幾種常見的可能，我試著說明如下。

可能一：長輩看錯科?!

大部分的長輩都是用最直覺的方法在看醫生，也就是頭痛醫頭，腳痛醫腳。

但是**人體的器官以及感覺是複雜的，覺得疼痛的地方，不一定就是生病的地方**。有時候明明是心臟發生問題，例如心肌梗塞，結果表現出來卻是肩膀痠痛。在這種狀況下，就有可能前往骨科或是復健科門診看醫生，照X光、電腦斷層，做了許多檢查，但是因為方向不對，所以找不出問題。

還有許多身體的器官本來就位在鄰近的身體部位，譬如許多長輩常常抱怨胸口疼痛，不過，光一個胸口疼痛、不舒服，那可能是心臟的問題，可能是肋骨受傷，也可能是胃食道逆流或是胃潰瘍導致的火燒心。

舉例來說，人體的腹腔裡有許多內臟器官，當肚子痛的時候，有可能是盲腸炎，有可能是膽結石，也有可能是大腸激躁症，甚至只是單純地便祕。

很多老人家都是自己一人，或是與同為銀髮族的另一半，相偕到醫院來看病。大醫院裡分科分得細緻，常令長輩們搞不清楚到底要看哪一科。幸好現在醫院裡有許多志工幫忙，掛號櫃檯的工作人員也會協助、建議他們掛號的科別，減少這些困擾。

如果時間允許，在初次就診時，最好能有其他的親人、朋友陪伴就醫，不但能減少這些差錯，也能提供醫師更完整的旁觀者訊息。

可能二：心病也會痛

「醫生，妳好，我今天是第一次來。」

「妳好，某某女士，今天來是有哪裡不舒服嗎？」

「是急診幫我轉過來的。」

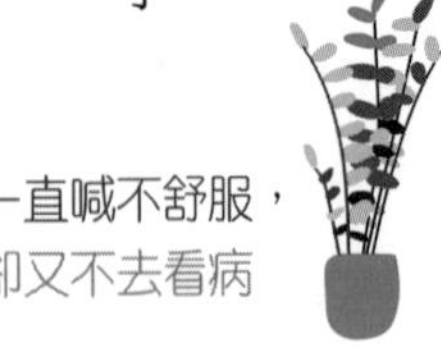

「我因為身體不舒服，胸口疼痛，我擔心自己得了心臟病。我已經看了好幾個醫生，但是他們都說沒有查出什麼問題。昨天晚上這不舒服又突然發作了，我很擔心自己會死掉，所以我就去掛急診。」

「急診室的報告怎麼說呢？有查出什麼問題嗎？」

「急診醫師告訴我，抽血、心電圖、X光片，全部都沒有問題。他叫我一定要來看妳，然後就幫我掛號，所以我今天就來了。醫生，我這不是精神病吧？」

這的確不像是精神病，但是有可能是恐慌症。

恐慌症是什麼呢？**恐慌症是焦慮症的其中一種。**病人可能會出現心悸、心跳加速、冒汗、發抖；覺得自己呼吸困難，好像有什麼東西塞在喉頭；胸痛或者是噁心、頭暈，覺得好像快要失去控制，或者會害怕自己好像快要死了。

有的人會有些感覺的異常，或者是發冷、發熱的現象。恐慌症的病患平常好好的，卻在某個時間，突然感到一陣緊張、害怕、恐慌。這樣的發作大概在十分鐘之內，這些症狀會達到高峰；接著，過半小時左右，慢慢地減退。

很多病人都會誤以為自己是心臟病發作，於是去看醫生，但做了心臟的檢查，卻都是正常。有些病人不肯相信或是感到擔心，於是又再去看下一個醫師，甚至反覆前往急診求醫。但幾次之後，有經驗的醫師就會發覺，這可能是身心症，而非是得了心臟病。

當長輩老是說自己這裡痛、那裡疼，到診所、醫療院所去，**接受了各式各樣的檢查，卻查不出問題根源時，答案可能不是沒有病，而是心病**，非身病。

情緒與疼痛密切相關

大家可能都聽過，心理可以影響生理，心情可以影響身體，這的確是有可能的。許多的醫學研究都已經證實，情緒與疼痛之間有著密切的雙向關聯性。

一個人如果長期受慢性疼痛困擾，就有比較高的比率會罹患失眠、焦慮、憂鬱症。反過來說，**如果一個人罹患了憂鬱症，也可能用疼痛來作為主要的表現之一。**

如果用大腦功能區來講解這個理論，科學家已經發現，原來大腦中管理情緒與管理疼痛的大腦區域是鄰近，甚至有重疊的地方，彼此會交互影響。

再舉一個例子，「心碎症候群」，這其實是心臟疾病的專有名詞，又叫做章魚壺心肌症。這是因為這種疾病的患者，他心臟的交感神經受體在左心室基底部與心尖部位的比例不一樣。

當患者遇到極度傷心、巨大壓力、非常大的驚嚇或者是疼痛時，就會造成心尖不收縮的一個情況，那麼，病人就會出現胸悶、胸痛，甚至嚴重的時候，會有猝死的可能。

這裡所提到的交感神經，也正是我們一個人面對壓力的時候主要反應的神經。當我們感覺到壓力、危險的時候，身體的交感神經就會發揮促進的效果，使我們緊張、心跳加速、血壓上升、呼吸變快。交感神經與副交感神經合稱自律神經，大家常聽到的自律神經失調就是這個道理。

可能三：找錯問題

另外還有一種可能，就是長輩的認知功能出現障礙，導致他們對於身體不舒服的表達出現問題，沒辦法把自己真正不舒服的地方講出來，甚至講的是錯誤的，於是無法對症下藥，病痛也一直無法獲得改善。這種情況尤其容易發生在原本就有身心障礙的老年人身上。

多年前，有一個罹患思覺失調症的老年人，平日都規則在我門診就醫、服藥，他的精神症狀堪稱穩定。

有天，我接獲家屬求救的訊息，提到病患的狀況不穩定，希望能安排入院治療。我連忙請他們到醫院來，並且請住院總醫師安排收治該位病患。

當他入院，而我看完門診，去查看他的情況時，赫然發現他臉色蒼白、身體虛弱無力，只能癱坐在椅子上，與過去回診的時候截然不同。

我急忙問他：「你身體有哪裡不舒服嗎？」這位老年思覺失調症的病患，不管我怎麼問，他都說他很好，沒有什麼不舒服。

我繼續追問，他卻胡亂回答。一下子說自己膝蓋不舒服，一下子又說是後背痛，但是表情始終是笑咪咪的。

從病人口中，實在是問不出可以參考的資訊，我只好安排一系列的檢查來找病因。

結果很快就出來了，由超音波的影像報告看出，他罹患了肝癌，肝腫瘤已經壓迫到他的血管，隨時都有大出血的風險，癌細胞也已經轉移到骨頭。

看到這個報告之後，我又問了病患幾次，他總是回答我，沒有哪裡不舒服，他覺得很好。

這位長輩後來轉介到安寧病房，之後安詳平靜的離世了。

這個個案教會我，那些**罹患身心障礙疾病的老人家，例如失智症、思覺失調症、智能障礙器質性腦病變，他們可能受到原本疾病的影響，對於疼痛比較不敏感，或者是對於身體的不舒服，難以正確地表達，更需要我們加倍的關照，仔細地鑑別診斷。**

可能四：慮病症

除了找錯問題，看錯科，還有一種棘手的可能，就是慮病症。

慮病症簡單來說，就是一個人過度的擔心自己的身體健康是不是出了問題。他們對於身體不舒服的感覺變得敏感，並且對於這些感覺，有著錯誤的解讀。

他們總是覺得自己好像得了某種病，只是醫師查不出來，或是醫師檢查不出來。他不停地想像，也在腦海中不停地去想這件事。他越想越緊張，越想越恐慌，越想心情越低落，最後甚至覺得很絕望。他覺得沒有辦法拯救自己。

許多個案會因為這個症狀，反覆到醫療院所去就醫。接受一次又一次各種不同的檢查，甚至會要求醫師做更多不必要的檢查。

就算這些檢查的報告都說沒問題，但是慮病症的個案並不會因為這樣就覺得安心，他們反而會陷入自己的疾病是不是很難查出來，或是覺得這只是這家醫院或這個醫師沒辦法查出來。

臨床上，常看到這些病人輾轉在不同的醫療院所中，不停地逛醫院、做檢查，最後才輾轉到精神科的門診來進行鑑別、診斷。

慮病症狀在許多精神疾病中都可能存在，例如焦慮症、憂鬱症、妄想症、失智症等等。**讓治療者或家屬覺得比較困擾的，是這些個案雖然頻繁地去看醫生、做檢查，但就是難以接受自己沒有身體疾病，而是一種精神、情緒方面的問題。**

這類個案常見的狀況是什麼科都願意看，就是不肯看精神科，因而總是延遲了接受治療的時程。

長輩常見有多種不同的慢性病，加上視力、聽力減退，溝通的品質下降，倘若再合併認知功能障礙或是情緒障礙等狀況，就會增加醫師鑑別身體或精神疾患的困難度。因此，在認為老人家是慮病症之前，還是需要進行適度的身體檢查，以免錯失正確診斷及治療的時機。

老年人的致病症狀時常模糊，不易判斷。我有許多病患，外表上看起來，健康狀況似乎有些微改變，但是在起初時，無論怎麼抽血、做檢查，數值都是正常的，連體溫、心跳、呼吸都沒問題。急診也都去了兩三次，就是找不到解答。直到最後症狀加劇，出現高燒、呼吸困難等現象，才抓到真正的病因。

在免疫低下的老年人身上，這部分真的是很不容易。來來回回醫療院所，有時確實難免，有賴家屬的理解、包容與耐心接受。

當父母碎碎念時，子女厭煩歸厭煩，生氣歸生氣，但我建議子女試著去體會父母背後的心意。

我也建議父母試著學習尊重子女、信任子女，尊重子女有他們自己認同的生活方式。

就算不按照父母想要的方式去做，也不代表子女就不會獲得幸福，更不代表彼此沒有情感。我做我自己，你做你自己，但我依然愛你。

常常忘東忘西，是失智症嗎？

「妳什麼時候回去？」郭爺爺已經高齡九十歲了，但身體狀況還滿好的。這個月，平時旅居國外的女兒回來陪伴他。

「爸，我這次回來兩個月。八月底才回去。」

「我的外套呢？」安怡發現老爸老是在找東西，一會兒找手錶，一會兒找眼鏡。

「你剛拿給我了，我收在包包裡。怎麼了？會冷嗎？現在要穿嗎？」

「不冷，現在不穿。」郭爺爺揮了揮手。

「我們要去哪裡？」

「爸，我們現在出發去餐廳，約好了李伯伯一起吃飯。」安怡耐著性子，慢慢解釋。

「李？……妳說誰？」郭爺爺露出慌張的眼神，努力想找出線索。

「李伯伯啊，就是你以前的老同事。不是你說要我打電話給他，一起聚聚嗎？約好了，就是今天。」老爸居然連最要好朋友的名字，都要提示，才想得起來，這樣正常嗎？

「哦，這樣啊。那妳什麼時候回去？」好像跳針一樣，又問了同一題。

安怡發現老爸好像出現記憶力衰退的現象。問話時，老爸的回答總是慢半拍，偶爾會忘記東西放在哪裡、出門忘了帶鑰匙。遇到街坊鄰居或是久未見面的朋友，老爸會突然叫不出對方的姓名，需要想一下，才能講出來，但是家裡的地址或電話號碼，卻是記得很牢。不過，在日常生活中，基本的食衣住行，老爸都還是可以自己來，基本上不需要別人的協助。

安怡一方面心裡擔憂，一方面又覺得老父親年事已高，這樣應該是正常的吧？

什麼是「正常老化」？

根據報導，高齡一百零八歲，生活在馬祖的國寶人瑞邱依期先生，沒有失智症狀，沒有臥床，可以自己拿筷子吃魚，手也不會抖，也不需要家人幫忙挑魚刺出來。他的兒子邱吉勇更描述父親到了一百歲時，還能親自下田、種菜，之後才開始出現膝蓋及視力的退化。

在已進入高齡社會的今天，六、七十歲的人開始跑馬拉松，八十歲的人組成不老騎士環島，這些都逐漸被視為「正常」的現象，因此，我們對老化的預期在過去的數十年間發生巨大的改變，人類不斷地超越上一個世代，能力也被重新定義，所以，即使在銀髮期，健康老人的心智也可能蓬勃發展。

正常老化的概念，最標準的，應該是與自己比較。雖然反應比年輕時緩慢，也偶爾會有健忘的現象，但多數時候腦筋都很靈光，並不會一直退化，也不會影響基本的日常生活功能。

老了，記憶本來就會變差？

雖然每個人都會老，但是**正常老化的過程，不應該伴隨著「嚴重的」記憶力的喪失，**也就是說，認為老化一定伴隨著明顯且嚴重的認知功能退化，這是一種錯誤的觀念。

對正常老化者來說，認知功能應該是維持不變的。正常老化的過程，就算有些退化與變化，但都不應該影響生活的進行。

前面所提的郭爺爺就是一例。就如同臉上的皺紋，雖然改變了外貌，卻不影響生活。一般說來，正常老年人多半有某種程度的智能減低，但其智能衰退是不會逐漸變壞的，而是衰退到達某一程度為止，就呈水平狀態。

不過，失智症的病患，其記憶力會隨著時間而越來越壞，比如原本是想不起來老朋友的名字，到後來，連一些重要的事也忘了，慢慢地，連家人的名字及自我照顧方法都忘了。

在正常與失智中間的灰色地帶

王媽媽在丈夫過世後就一個人獨自居住。她的身體健康，兒子在外地工作，每週會回家探望她一次。

但最近，兒子先是接到住家附近菜市場攤販打來的電話，說王媽媽算錯買菜錢，後來又接到熟識銀行專員的電話，說王媽媽到銀行詢問個人帳戶投資等相關的內容。專員解釋了又解釋，王媽媽卻一再弄錯步驟，最後生氣地離開。

兒子偷偷觀察，除了這兩件事，其餘的部分，王媽媽都沒有什麼異狀。

兒子不放心，希望帶媽媽去看看醫生，但王媽媽卻推說這沒什麼，堅持自己只是老了而已。

正常老化的確與失智症不同，但是**人類的認知功能從正常到出現明顯退化的過程中，有一個灰色的過渡地帶，醫學上稱之為「輕度認知功能障礙」**。常見的症狀是健忘、記憶力變差、注意力不集中、語言功能退步、視覺空間功能變差，或是複雜的執行功能退步等等。

倘若使用認知功能評估的檢測或工具，可以發現他們已經比正常、健康的常模來得差，但尚未達到失智症的診斷標準，王媽媽可能是屬於這個族群。

文獻指出，每年約有百分之十五輕度認知功能障礙的個案，有機會在一年後轉變為失智症，這個族群比起一般老年人（每年約百分之一會發展成失智症）的機率高出了許多，因此，還是不能掉以輕心。

目前衛生機關計畫透過老年健檢，找出疑似個案，或透過社區篩檢，**找出尚未失智的輕度認知功能障礙患者，鼓勵他們改變日常生活模式，控制各種危險因子，以避免或延緩日後發展成失智症。**

假性失智的憂鬱症

柯阿嬤在女兒陪同下，到失智特別門診看醫生。因為她最近一個月來，常常恍神、注意力無法集中、忘東忘西，原本會做的簡單家事，最近也常出錯。每週例行的公園卡拉ＯＫ，柯阿嬤也說自己唱得不好聽，不肯去。連最愛的衛生麻將，都拒絕前往。柯阿嬤整個人的功能，在短時間內，退步了一大截。

醫師聽完柯阿嬤的症狀，懷疑她罹患了憂鬱症。

女兒聽了，疑惑地問：「記性變差、功能退化，這不是失智症嗎？怎麼會是憂鬱症呢？」

其實，老年憂鬱症不只會出現心情低落、負向思考、食欲不振、睡眠障礙等症狀，也會影響到身體的其他功能，尤其是腦部的認知功能。所以，憂鬱的長輩常會出現對事物不感興趣、注意力不集中、健忘、執行功能下降等症狀，而被旁人誤以為是得了失智症。在醫學上，又稱為**「假性失智」，指的就是雖然看起來像是失智，但事實上不是失智，而是憂鬱症。**

一般來說，老人憂鬱症患者的情緒起伏變化較失智者大，因為憂鬱症的形成時間很短，可以在兩個禮拜內，從健康狀態變成重度憂鬱症，所以親友比較能闡述她從何時開始，先是情緒有點變化，接著就是記憶及功能退化。

相反的，**失智症是緩慢形成的**，因此當家人發現時，往往已經有段時日了，也通常無法指出一個明確的變化時間點。

即便如此，**老年憂鬱症和失智症還是很容易被搞混**。兩者在病程的某段時期，都可能會出現記憶力衰退的問題，且有些老年人在失智症的前期，也會出現憂鬱的情況，因此當觀察到家中老人有任何的憂鬱症狀時，一定要就醫檢查，千萬不要自行判斷。

所幸，**老年憂鬱症是可以治療的**。多數的病人只要經過適當的藥物治療，或是合併運動、光照、心理治療，都可達到症狀緩解的痊癒狀態。

也就是，憂鬱所造成的功能退化，在憂鬱症好轉後，是可以改善恢復的。

不過，還是有少數的老年憂鬱個案，會留有注意力不集中，或是慢性失眠等殘餘症狀。

活化大腦，可以抗老、治憂鬱、防失智

不管是正常老化、輕度認知障礙、老年憂鬱症，甚至是失智症所帶來的記憶力減退，都可以加以適當的刺激活化，審慎地治療，來延緩退化，增強功能。

科學研究已經證實人類大腦具有相當的可塑性，可彌補老年退化後的不足。大腦控制著我們的認知功能，可透過運用記憶訓練大腦來增強記憶力。透過職能治療等認知訓練治療的方式，能強化大腦突觸的網絡連結，活化腦部功能。

若再搭配上足夠強度的物理治療，更能幫助腦部及身體新陳代謝，促進腦內滋養因子濃度上升，腦部血管新生，不但能改善身體及日常生活功能，也能提升腦部認知功能。

一天到晚跑醫院掛號？

「爸，我早上打電話給你，你怎麼不在家？」蓉蓉嫁到日本，每兩三天都會打電話關心一個人住在台灣的老爸爸。

「哦，早上啊。我去〇〇醫院看門診啊。」陳老爹認真地回答。

「看門診？你不是上個禮拜才去看過門診？怎麼又去看。」蓉蓉問。

「上個禮拜，那是看〇〇醫院〇〇醫師，今天是看ＸＸ醫師。下個禮拜是ＢＢ醫師。」

陳老爹拿出他的記事本，上面密密麻麻排滿了行程。

處理到身體，沒處理到心理

阿桐伯上了年紀。走路時，膝蓋時常疼痛，當情況變得越來越嚴重時，他到骨科就醫。

醫師進行檢查、診斷之後，建議阿桐伯進行手術。

手術過程非常順利。醫師表示，阿桐伯的傷口復原的情況不錯，也沒有什麼其他的併發症，於是安排阿桐伯出院，返家休養，也幫阿桐伯預約了門診回診的時間。

但出院才過了一天，阿桐伯便急急忙忙掛了號。

骨科醫師看到他便問：「有什麼狀況嗎？怎麼提早回來門診？」

「醫師啊，我覺得這膝蓋好像熱熱的。」阿桐伯擔心地說。

骨科醫師打開包紮的紗布，看了看，就對阿桐伯比了手勢，表示沒問題，就讓阿桐伯回家了。

沒想到隔了兩天，阿桐伯又掛號，到門診來了。

醫師又問：「有什麼不舒服嗎？現在還不到拆線的時間。」

阿桐伯說：「我覺得這膝蓋好像硬硬的、僵僵的。」

骨科醫師開了張X光單，讓阿桐伯去做檢查。

骨科醫師看了看片子，對阿桐伯說：「看起來都不錯，沒有什麼不對勁的地方。」然後就請阿桐伯回家了。

雖然連著去了好幾次的骨科門診，但阿桐伯的情況卻越來越糟糕。

隔了兩天，阿桐伯的女兒陪著他，來到我的門診。主訴是他晚上翻來覆去，都睡不著，整個人變得很緊張。骨科醫師也老是盯著阿桐伯的膝蓋看，一下子要熱敷，一下子要冰敷，全家上下也跟著雞飛狗跳，而這已經持續一個禮拜了。

我仔細地詢問阿桐伯的情況。阿桐伯很誠實地說，自從膝關節開刀之後，他整個人變得很沒有信心。他一直擔心自己的膝蓋沒辦法好了，又擔心手術是不是會失敗。只要有一點點不舒服，他就開始胡思亂想，最後飯也吃不下，覺也睡不著。

我聽完阿桐伯的話，借用其他親友的開刀經驗來安慰他，我告訴他，這些都是膝蓋手術後可能會發生的現象，目前他並沒有紅腫熱痛，身體抽血的指標也沒有發炎的現象。骨科醫師幫他做的追蹤檢查，也都顯示一切平安，情況還可以。

父母心裡的看病疑惑

當我解釋完後，阿桐伯先是露出安心的表情，但不久又遲疑了一下。

我接著問他：「還有什麼想要問我的嗎？」

阿桐伯說：「為什麼骨科醫師總是簡單說個兩句，就說可以回家了？」

原來阿桐伯心中卡了這一點。

我趕緊代替辛苦的骨科醫師回答：「可能是門診病患實在太多了。你的醫師其實都幫你檢查得非常清楚、仔細。這個報告一看就曉得情況不錯，沒什麼大問題，所以當然就是請您回家，下次再來回診。如果真的有什麼狀況，就會做相對應的處理，例如開立抗生素、消炎藥，或者是做其他更進一步的檢查。」

「所以醫生請您回家，這是好，不是壞呀！」我加強了語氣說明。

經過我再三安慰，話語保證，阿桐伯總算是放下心中的石頭。

其實有許多時候，長輩們的身體問題的確都已經獲得非常正確、迅速的處置，但是台灣醫療情境繁忙的程度，實在是超乎想像。不管是哪一個科的醫師都需要照顧大量的病人，壓縮了解釋的時間，但是部分的長輩卻需要一而再，再而三的重複解釋，才能讓他們感覺到心安。

這其實**是一種心理上的需求，而非是身體上的病痛。**

這種狀況不見得會需要使用抗憂鬱的藥物來處理，有時候多花一點時間，**用長輩比較能理解的方式來舉例說明，把可能會出現的後續現象，以及如何因應的方法，一併加以解說，多半就都能讓這種情況好轉。**所以當處理身體疾病的時候，也不要忘了處理長輩的心情。

不只是看病，更開心與醫師聊天

「花爺爺，您現在情況穩定，晚上也睡得不錯了。您住得那麼遠，要不要我開慢性處方箋給您？讓您方便些，不用常常到醫院來。

「還有啊，我看您的高血壓與糖尿病的藥是分開來拿的，我們醫院現在有整合門診，這些藥物可以通通整合在一起開立，更加省事。如果您願意的話，我可以幫你轉診過去。」

我一口氣說了兩個建議。

「不行，不行，我不要拿慢性處方箋，我也不要看什麼整合門診。」

沒想到我自認為良善的建議，立刻就被花爺爺拒絕了。

「可是，我的門診看得不快，每次都讓您等很久，有些辛苦。」我說。

「等幾個小時沒關係。我想要每個月都來，跟醫生聊聊天，說說話。」花爺爺急起來了。

「醫師，您也知道，我兒子幾年前就先走一步了。我老伴中風後，現在住在安養院。不瞞您說，平常我都很少出門。出門來醫院這一天，就是我每個月最大的事情。如果連醫院都不必來了，那麼我就不知道該做什麼好，這樣日子實在是太無聊了。」

花爺爺堅持，一定要每個月來跟我「聊天」。

父母的孤單問題

花爺爺說的話令我哭笑不得，我也終於知道整合門診推廣不順的其中一個原因了。

花爺爺把看醫師、逛醫院當作是生活的娛樂，也是他每個月活動的重心。

以前就曾聽許多人分享過，長輩們把醫院當作是他們的社交場合。明明是下午的門診，老人家清晨就來了。不管大病、小病都要掛個診，沒拿藥不打緊，沒做檢查，也沒關係，但醫生一定要看到。

街坊鄰居呼朋引伴，相約一起去看診。在等候的時間，還能聊聊天、交交朋友，甚至到醫院的美食街聚個餐。

寫到這裡，或許有人會指責他們浪費醫療資源，但換一個角度想，倘若親友都居住在海外或遠地，恐怕長輩們每個月看到醫師、護理師的時間，都比看到其他親友的時間都還要多。

空虛、寂寞，覺得冷，其實是長輩晚年生活所要面對的重要議題。人際網絡減少，增高了孤獨感，缺乏規律參與的活動，導致生活貧乏。**如果能夠提倡長青族群的社區參與，想辦法增加適合長輩的社交活動，或許才能讓他們遠離白色巨塔，改善這種另類的銀髮文化。**

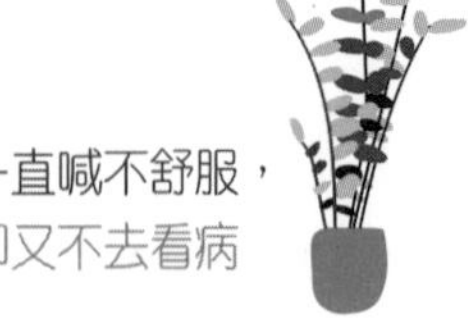

滿坑滿谷的保健營養品，怎麼辦？

大葉伯帶了兩大袋包袱來看我的門診。一坐下來，他就開始把袋子裡的東西傾倒在我的診間桌上。

「這些是什麼？」我瞪大眼睛問。

「醫生，妳上次不是說要把現在有在吃的保健品都帶來給妳看嗎？這些就是我現在吃的。有我自己買的，我兒子出國買的，隔壁鄰居分給我的，統統在這裡。」

天啊，我數了數，至少有二十幾瓶。

「阿伯，這也太多了吧。」

瓶瓶罐罐占滿我桌上的空間，都沒地方寫字了。

「對啊，對啊。醫生，妳講講他。我講，他都不聽啦。」

一旁陪同的葉太太，抓到機會，希望我能勸說大葉伯。

「阿伯，我幫你看看，這裡面有好幾項的成分都重複。這樣好了，我幫你打勾，重複的就不要吃。」

我打開谷歌大神，一一確認這些健康食品的成分。品牌來路不明的打個叉，內容物重複的標上記號。一罐吃完，再吃另一罐。真的對目前情況有幫助的打個勾，再特別註明一天吃多少。

做完這個大工程，再好說歹說，大葉伯終於承諾要照我的建議來服用。

當一個人上了年紀，牙口不好，吃東西不方便，就可能不經意地減少某些營養食物的攝取，譬如不吃肉，於是，活動量下降，胃口可能也比以前年輕時來得差。

行動不方便時，也會覺得出門買個餐點實在太費事，於是便草草吃些東西了事。但許多簡單、便利的食物，多半不含新鮮的蔬果，膳食纖維的成分更是不足。

種種原因，讓長輩以及親友時常擔心是不是有營養不良的情形，於是各種食補、健康營養品的補充，非常受到民眾的歡迎。

倘若我們有營養不良的情形，那麼補充營養的確是一件會讓身體好轉的基礎工程。但是**我要提醒，有許多時候，我們並沒有出現營養不良的情況，反而是攝取了過多的補充品或養分，增加了身體的負擔。**

人體的健康多半是基於一種平衡，就像太極的概念一樣，過多或是過少都是有害健康。

蛋白質過多，對腎臟造成負擔

長輩們上了年紀之後，牙口不好，影響了口腔咀嚼的功能，又總是認為紅肉吃太多不好，所以慢慢地減少肉類的攝取，以至於蛋白質攝取不足，於是高蛋白營養品，就成為生病後營養補充的主要產品。

但並不是一味地補充就是健康。對於腎臟功能不好，或者是患有慢性腎病變的病人，如果攝取過量的蛋白質，身體會將蛋白質代謝，轉化為含氮的廢物。再經由腎臟負責過濾、清除，這會使得腎臟的負擔加重，反而惡化了原本的腎臟功能。

慢性腎臟病個案的飲食原則和一般民眾不同，必須採取低蛋白、低鈉、低磷、低鉀的方式，來延緩腎臟疾病的惡化。

我建議罹患三高等慢性疾病的長輩，倘若不知哪一種的飲食比較適合自己，可以找營養師，或是特殊疾病的個案管理師，進行詢問。

許多醫療院所都設置有營養諮詢門診，可供民眾掛號或諮詢、利用。

熱量過高，體重增加，並非福氣

在許多人的傳統觀念裡，都認為能吃就是福。生病了之後，更是認為必須要多多補充能量，但卻忽略了，**必須要注意補充的食物裡的營養組成到底是什麼。**

如果僅僅是補充高熱量的碳水化合物，像是澱粉、米飯，沒有注意到各種營養的均衡，其實會帶來體重過重的風險。尤其是許多長輩都患有慢性病，如糖尿病或者是退化性關節炎，體重增加，對於血糖的控制，或者是對於膝蓋的負擔，都是不利的影響。

我在門診時常見到長輩，因為骨折開刀必須休養臥床，一段時間行動不方便，大大減少了運動的時間。家人心疼長輩動了大手術，不停地增加高熱量食物的分量，或是購買許多營養補充品，認為這樣能夠加速長輩的身體復原。

結果，下次回診，看到長輩時，體重上升，整個人都胖了一圈，行動更是不方便。

在老年期，對於身體質量指數，建議維持在微胖的範圍。舉例來說，一位身高一百五十公分的老年男性，建議身體質量指數維持在二十六～二十八，是比較恰當的範圍。

如果是有心血管疾病或是代謝疾病的患者，會建議再稍微低一些。

維他命也會中毒，適量服用才正確

許多長輩都會購買維他命來保養身體。維他命，有時也叫做維生素，是一群有機化合物。

人體需要適當的維生素才能維持身體正常的生長及健康，但事實上，一般人只需要少量的維生素。

有些維生素是我們人體不能主動製造，需要從食物中來攝取。當維生素不足時，可能會導致貧血、夜盲症等疾病。但要提醒的是，維生素太多，也會產生中毒現象，反而導致疾病的發生，所以必須適量攝取。

舉例來說，**脂溶性維生素不溶於水，容易儲存在身體內。過量的時候，不易被人體排出，可能產生中毒的現象。**

脂溶性維生素包括了A、D、E、K，如果短時間內服用過量的維生素A，可能造成急性中毒，會出現噁心、嘔吐、頭痛、暈眩、視力模糊、肌肉不協調的症狀。如果是長期慢性攝取過量的維生素A，同樣會產生慢性中毒，主要是影響到中樞神經肌肉無力、肝臟纖維化，或是肝硬化等。

至於水溶性維生素，有B、C，相對來說，是比較安全的。但是**如果大量攝取過多的維生素C，也可能會引起腹瀉，或是增加尿路結石的風險。**如果與多發性骨髓瘤的藥物併用，則可能減低藥物療效。

攝取過多的維生素D，則可能產生高血鈣，出現嘔吐和肌肉無力的急性中毒症狀。服用過量的維生素B1，則可能會引起頭痛、煩躁、流血不易止住等現象。過量的維生素B6，則是會造成噁心嘔吐、肚子痛、頭痛，並且會與治療癲癇的藥品產生交互作用，導致藥物的效果降低，反而增加癲癇發作的危險。

雞精喝過頭，關節痛又腫

連續假日過後的門診，總是人滿為患。平日都是自行走入門診的阿東伯，今天一反常態地坐在輪椅上，他的表情顯得很痛苦。

我問：「發生了什麼事？跌倒了嗎？怎麼今天坐輪椅呢？」

阿東伯沒好氣地說：「都是他們搞的啦。說什麼雞精補品很營養，結果我喝了，就變成這樣……」

阿東伯的兒子不好意思地說明，因為中秋節的時候，家族裡的許多親戚朋友好意送了一堆雞精禮盒。

他們想給阿東伯補補身體，因為阿東伯平常就嫌上廁所很麻煩，所以不太愛喝水。這一回，水喝得不夠，再加上連續喝了好幾天的雞精補品，結果就引發痛風發作，搞得他在放連假時還跑急診。

我趕緊替兒子說幾句話：「伯父啊，您的兒子、女兒，他們也是孝順。只是你的體質不適合吃太多，因為雞精補品含有比較多的普林。」

如果有痛風的病史，最好是少喝這類的補品，再加上喝水如果喝得不夠，在脫水的狀況之下，更容易會讓痛風發作。

除了痛風的病人之外，雞精裡鉀離子與蛋白質的含量也比較高，所以**如果原本就有慢性腎病變的病人，我也不建議吃太多雞精補品。**

我想這次，阿東伯和他的家人都學到了這一課啊。

鈣片過量，反傷心、腎、眼睛

一個人上了年紀之後，最擔心的就是筋骨不好、骨質疏鬆。一旦不小心跌倒，就容易出現骨折。

於是**在銀髮族群中，補充鈣片可以說是一個很普遍的現象，但是鈣片的補充也要注意劑量。**至於有沒有骨質疏鬆，必須到醫療院所去確定診斷。並且還要了解本身是否是腎臟病的族群，然後再依照醫師建議的劑量來補充。

因為鈣片如果攝取過量，不但對身體健康沒有好處，甚至有滿多的危害。

過去的研究指出，補充的鈣如果含量太高，反而會有增加髖骨骨折的風險。

鈣質並不容易被人體吸收，如果我們補充鈣時，又同時食用了富含草酸類的食

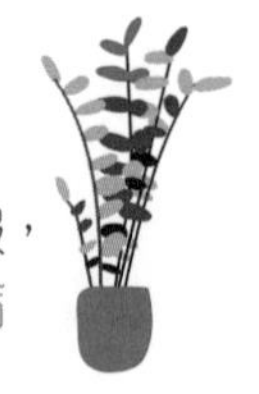

物，就有可能會形成草酸鈣，增加罹患結石的風險。

過量的鈣片攝取，可能會使血液中的鈣含量增加，出現高鈣血症。這時，血管中的沉積物會加速形成鈣化，導致動脈硬化，進而增加心臟損傷的風險。

身體裡的礦物質不只一種，它們彼此之間會相互抗衡，達到平衡的天然調控，所以當鈣質補充太高時，反而會抑制鐵、鋅、鎂、磷的吸收。

過去也有案例報導，因為攝取過多鈣質，體中的鈣流入眼睛的玻璃體，造成視力惡化。

凡事過猶不及，**遇到喜歡補充各種營養保健食品的長輩，我通常會邀請他們在回診時，把所有正在服用的「聖品」帶來。**

一方面，檢視是否有與治療相左之處；另一方面，也能掌握長輩到底服用了哪些東西，適當地記錄在病歷上。

如果是常規檢查能測量濃度的項目，可以透過檢驗報告的濃度，與長輩商量是否要增量或減量使用。倘若是慢性腎臟病或是糖尿病患，我建議與疾病的個管師或是營養師進行諮詢，才能補得健康，補得恰當。

突然對什麼都提不起勁，是憂鬱症嗎？

「爸，家裡這麼暗，怎麼沒開燈？」凱開下班，接了孩子回家，一進門，發現家中昏暗。

「你今天沒看電視啊？」凱開擔心地問。

父親最近悶悶不樂，幾乎整天待坐家中，什麼事都不想做。

「沒有什麼想看的。」老爹嘆了氣，又搖搖頭。

「里長說，今天晚上社區有烤肉活動，免費參加，又可以摸彩，我們一起去，好

不好？」凱開企圖拉老爸出門走走。

「不要，我不喜歡那個味道。」老爹打槍兒子。

「那還是我們去外面吃晚餐？附近新開了一間餐廳，聽說不錯。君君前天坐車經過，一直說想去吃。」凱開搬出寶貝女兒，想勸說老爹答應。

「免啦，你們帶君君去就好。我沒力氣，待在家裡就好。」老爹揮了揮手，逕自回房休息。

凱開心裡很擔心。老爸上週才回內科門診，醫師說抽血報告都很好，沒有什麼異常數值，但是老爸自從聽到要好的老朋友周伯伯生病過世後，就變得無精打采，什麼事都提不起勁，體力也好像瞬間變差了一個等級。

老人憂鬱症不易被發現，就醫比率也偏低

《他是憂鬱，不是失智》一書中，作者和田秀樹醫師提到老年憂鬱症的症狀，諸如，最近看起來沒什麼活力，好像悶悶不樂，經常說自己身體不舒服，開口、閉口都是抱怨這、抱怨那個，減少外出的舉動，大腦運轉也不像以前靈活，有時會出現失

眠，或是食欲不佳。

這些徵兆，某種程度看起來，都與上了年紀有關，因此容易被認為是自然的老化現象，而大家也覺得發生在長輩身上很正常，不覺得違和，所以，很容易就被當作「上了年紀，本來就會這樣」，進而遭到病人本人及周遭親友的忽視。

其實，**依照世界各地研究老年人口的精神疾病盛行率報告，憂鬱症是盛行率最高（約百分之十六至二十六）的身心疾患**，比現在最受到矚目的失智症，還要高出許多。

根據高雄醫學大學在南部所進行的研究，可以推測台灣約有百分之十憂鬱的老人，有潛在的憂鬱情緒問題。其中，**居住在護理之家的老年住民，更是高達百分之三十以上，有憂鬱的症狀。**

推估起來，全台灣約有三十一萬名老人有憂鬱症的困擾，但是老年憂鬱症的就醫比率仍然偏低。

和成年人相比，老年人比較不會主動尋求精神醫療的專業幫助。經過多年的努力宣導，降低汙名化的影響，成人個案比較能主動且明確地陳述自己有情緒的問題，有些人甚至會主動表明自己需要治療，但相反的，老年人較無法清楚且主動地表明自己憂鬱的情況。他們往往說東說西，就是沒說出情緒。

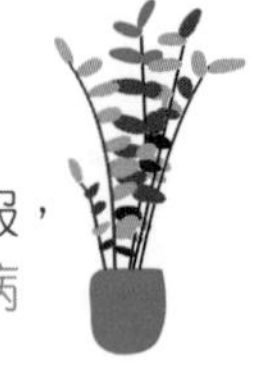

老人憂鬱症患者常是用「行為改變」來呈現，例如，以前常去唱歌、聚會、爬山，現在卻都推託，不想出門。平時喜愛看連續劇或是綜藝節目，現在電視機連打開都不打開，也可能會不斷地抱怨身體的種種病症。家人往往只注意到他們抱怨的部分，而帶去看內外科，卻一無所獲，因此，忽略了憂鬱症的存在，延遲了憂鬱症的治療時機。

根據統計，大約百分之六十以上的憂鬱症患者，接受單一種憂鬱症治療藥物，就能夠痊癒，因此，憂鬱症的治癒率是很高的。

只要發現家中老人有憂鬱情緒，建議一定要盡早帶到醫院治療。

四大特質，易患老年憂鬱症

什麼樣的狀況，容易罹患老年憂鬱症呢？

過去的研究，整理出許多可能會促發老年憂鬱症的因素，可以提供給大家作為參考。針對有這些因子的高危險群，給予適當的關懷與協助，消滅可能的危險因子，或許能減少老年憂鬱症的發生。

一、年輕時要求完美、自我要求高，習慣控制一切的人，在年老時，反倒是憂鬱症的

危險群

年輕時擁有不錯的地位，當老化時，發現身體不再受自己控制，或退休、失去工作，感覺自我價值下降。倘若調適不當，無法接受，就容易出現憂鬱情緒。

二、家族病史中有憂鬱症，也會有比較高的比例罹病

但相較於年輕的憂鬱症患者，老人憂鬱症的遺傳性比較低。無論是成人，還是老人，女性得到憂鬱症的比率都比男性高。

對於長輩，影響情緒最多的，就是「鰥，寡，孤，獨，老，病，久，衰」。當生命進入銀髮期，除了身體的自然老化之外，難以避免地會面臨許多失落，伴侶離世、獨居、退休、久病、失能等，都有可能成為老人憂鬱症的危險因子。

過去研究發現，一個人若喪偶，七到十二個月之間，是憂鬱症病發的高危險期，病發率高達百分之二十四。

三、亞洲人普遍重視工作，年輕時沒有規劃退休生活的概念，退休後，生活重心突然被抽走，也容易感到不適應

四、老化、身體逐漸失去功能，甚至出現疾病，也是一大挑戰

身體疾病可能會造成憂鬱、疼痛，而憂鬱又會加重身體疾病的痛苦，這種痛苦又讓疾病變得更加嚴重，形成一種惡性循環。

舉例來說，一個老人原本有退化性脊椎疾病，若憂鬱症病發，他對疼痛的敏感度就會上升。原本可能感受到的疼痛是五分，但病發後，病人感受到的痛可能達到十分。**當越來越痛，最後家人只能讓他吃止痛藥，但卻不知道其實病人痛是因為憂鬱，所以即使吃了止痛藥，心情也不會好，反而常造成藥物過度使用。**

又痛又憂鬱，老人會誤以為自己的病治不好了，甚至可能出現結束生命的想法。

要小心的是，某些對中樞神經有影響力的藥物，容易導致憂鬱症病發，例如，部分抗高血壓藥、類固醇藥、嗎啡類止痛藥、抗帕金森氏症藥、毛地黃類藥、干擾素、癌症化療藥物等，但若得病，這些藥物又非吃不可。因此，若家中老人有服用這些藥物，一定要與醫師保持良好溝通，隨時注意病人情緒。

必要時，須更換藥物種類，或是改用非藥物方式，治療憂鬱症。

治療憂鬱症的藥物，不會讓人上癮

目前治療老人憂鬱症的藥物療法是使用抗憂鬱劑。抗憂鬱劑有很多種，經過許多大型研究證實，療效是確實的。

很多人誤以為治療憂鬱症的藥物會上癮，或誤以為服藥會壓抑情緒，讓人變得呆呆的，這可能是將鎮靜劑、安眠藥及抗憂鬱劑混為一談的誤解。

所謂的抗憂鬱劑，是作用於腦部，調整腦內的分泌物質，提升腦內血清素、正腎上腺素、多巴胺等物質的濃度，達到治療憂鬱焦慮症狀的效果。

抗憂鬱劑並不含鎮靜、安眠的成分，雖然藥物的副作用，仍可能會造成嗜睡，但並無上癮的風險。倘若有相關疑問，建議詢問精神專科醫師。

在這裡，**需要提醒的是，無論是何種抗憂鬱藥物，都不會立即見效，必須耐心連續服用超過六至八週，才會開始出現效用。**

許多病患或家屬對於藥物治療的期待超乎現實，結果在這之前就以為無效，中斷或是放棄了治療，實在非常可惜。

憂鬱症患者不願意出門，怎麼辦？

許多家屬會問，除了聽從醫生指示按時吃藥，定期回診，我們還可以帶憂鬱的長

輩做些什麼。

其實治療憂鬱症不只有藥物有效，多運動、多曬太陽、多接觸音樂等藝術活動，也是很有效果的。道理雖然簡單，但家屬最常反問我的問題就是：「帶不出去，該怎麼辦？」

許多親友們看到憂鬱長者整日唉聲嘆氣，家人、朋友也想幫忙，於是打電話邀約長者一起出門活動，或是安排旅行遊覽，但卻遭遇長輩百般推託、拒絕，甚至長輩還碎念、找碴。

有些家屬因此感到自己的付出不被接受，容易轉而憤怒、生氣，可能會對長輩出現指責的語氣。責備他們不聽勸、不遵照醫囑，或是怪他們不努力。

我建議在協助憂鬱長輩之前，要先調整自己的想法，必須先了解到「憂鬱症患者並非故意的」。

憂鬱長輩在理性面上或許可以接受勸告，但是活力與行動力都受到憂鬱症的影響，才會需要我們拉他們一把。

可以試著找出能增強長者動機的誘因，想想有什麼是他們看重或喜愛的。應用他們所在意的人事物，以協助長者對抗憂鬱，抒解心情。譬如他平日最喜愛打牌，但生病後都不去了，就可以拜託牌搭親友，聲稱缺一不可，甚至可嘗試先將打牌的地點改在家中，製造陪伴的機會。

又或者是病患最疼寶貝金孫，我建議多找理由聚餐，諸如慶生、慶功等，半哄半拖地，帶著長輩出門去接送孫子女。

憂鬱症患者容易營養失調

在健康飲食方面，憂鬱者常會出現食欲減退，進食量下降的情形，這在長輩身上，就容易因此而出現營養失調的結果。

若考慮補充營養品，可以選擇補充維生素B群、葉酸、魚油，或是益生菌等。透過神經免疫的調節，腦腸菌軸的機轉，而且這些健康食品在新近的研究中，被認為可以減少憂鬱症復發，或者是改善情緒症狀。

電視廣告盛行以巧克力、蛋糕或飲料等高糖分、高不飽和脂肪的食物療癒心情，雖然可能暫時有提振心情的功效，但是效果短暫，而且有惡化代謝症候群的風險，所以對於罹患三高的老年憂鬱族群，並不建議這麼做。

憂鬱症是失智症的危險因子之一

另外，老人憂鬱症與失智症關係密切，需要我們特別觀察。憂鬱症患者若病情持續惡化，就有可能增加得到失智症的機率。

憂鬱症是失智症的危險因子之一。有些失智症患者初期是以出現憂鬱的症狀來表現，讓人看不出其實背後隱藏的是失智症。

單純的憂鬱症通常都能治癒，但當發現憂鬱症一直治不好時，就要當心，因為有可能是失智症的前兆。建議與醫師合作，保持規則追蹤，以早期發現失智徵象，早期治療。

老年憂鬱症對於罹病的人本身，不只是帶來情緒上的受苦，也會導致身體失能，甚至會加速老化的速度，惡化原本就已有的慢性疾病，例如心肌梗塞、冠心病或是中風等。

當面對年老，除了追求數量上的生命長度延長，更重要的，應該是要著力於生命品質的提升。

會老是天然，但是憂鬱不是想當然，而憂鬱症是可以治療的，讓長輩好好地老。

一

配偶不見得是最好的人生伴侶，一旦把全部的指望都放在配偶身上，期待對方「完全照自己的意思」陪伴度過晚年生活，可能是過度理想化的想法，也把老年生命的可能窄化了，這反而對彼此形成沉重的壓力。更別說，萬一其中一方先走了，留下的一方，恐怕不知如何承受。

養寵物，比較不寂寞？

「媽，我今天提早下班，要不要出門去逛逛？我去接妳。」

關爸爸年初因病過世後，唯一的女兒善思也已經出嫁。她發覺母親一人獨居在老家，整日足不出戶，心情也悶悶不樂。善思抓住空檔時間，想去探望母親。

「啊，那個，我不在家。」電話那頭的關媽媽，小小聲地回應。

「什麼？妳在哪裡啊？」

善思沒想到母親竟然在沒有她陪同的狀況下，自行出門去了。自從父親過世後，

這種情況幾乎沒發生過，讓善思有點小小的激動。

「我帶皮皮出來散步啊，我們在便利商店附近的一個公園裡。」

善思在心中大叫，皮皮真的太棒了！那是一隻擁有純白毛色的小小㹴犬。

善思的朋友建議她，替媽媽找隻寵物，增添生活的趣味。她想起年幼時家中也曾養過寵物犬，媽媽對於養狗經驗不錯，於是在她的鼓吹下，老媽領養了小可愛皮皮。

「哦哦，好ㄟ，我知道那裡，那我也過去，馬上到。」

善思掛掉電話，想著要給皮皮買台推車，這樣老媽就能推著小狗，四處逛逛了。

寵物是人類的好朋友。人類其實也是一種動物，所以先天的傾向就會被其他動物或生物所吸引。

隨著生活型態的改變，我們與其他動物或自然界的接觸越來越少，但大部分的人在看到動物時，還是會有心情沉靜，或是感到放鬆的感覺。

有許多研究都顯示，在友善的動物陪伴下，可以降低人內心的緊張與焦慮。寵物可時常在你身邊，飼主與寵物的關係也很單純，經營起來較不費力，不若現實人類社會複雜，或許恰好能補足人際關係中缺乏的部分。

寵物為飼主帶來內在天然的感動。純粹的情感，真的能讓人比較不寂寞。

好處一：養寵物可以增進身體健康

科學研究發現，有養狗的人罹患心血管疾病和死亡風險，比不養狗的人還低，尤其是養大型犬類的飼主，心血管疾病風險下降最多。**就算罹患心臟病，復原的機率也比沒養寵物的人來得高。**

研究推論養大型寵物之所以會長壽，可能是因為照顧大型寵物，必須要維持一定的體力。養狗的長者由於要固定出門遛狗，活動量也會比終日足不出戶的人來得多。他們需要因病痛就醫的次數，也比不養寵物的年長者要少。

好處二：養寵物可以促進大腦功能

根據報導，歐洲研究曾針對住在安養院的年長者，進行寵物療法的研究。由研究人員示範教導長輩，如何照顧金絲雀，進行餵食、換水等動作，再讓長輩實際飼養金

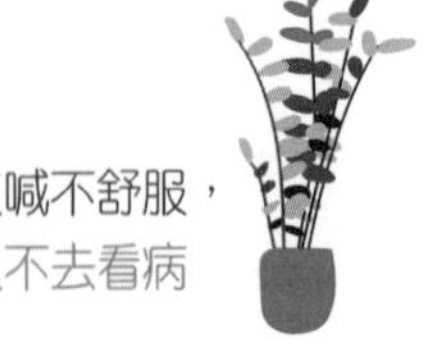

絲雀。

經過三個月後，追蹤發現，多數長者的認知功能都有大幅提升的現象。**照顧寵物的過程，本身就是一種腦部認知功能的訓練，需要記住步驟，記住時間，並且親自動手做。**

寵物帶來的互動，又能給予長輩即時的回饋，達成愉悅的交流。

好處三：養寵物可以抗憂鬱

更有研究發現，在憂鬱症的治療中，讓寵物介入，可以增加銀髮族群接受治療的成效。

撫摸寵物帶來溫暖與幸福的感覺，相較於跟人講話時，可能會有的情緒起伏，學者發現人們在與寵物講話時，心跳較為和緩。

在寵物陪伴下，心情也較為安定舒緩，從而使血壓與血糖不易升高。對於自主神經系統相關的疾病，有正向的幫助。

好處四：養寵物可以抗孤獨

有飼養寵物的人，一定能體會到「寵物社交」的魔力。原本互不相識的路人，聊起狗狗經，立刻拉近了彼此的距離。不但交換各種情報，甚至相約狗聚，變成了狗麻吉。

年輕世代甚至認為想要終結單身，結交朋友，養貓是最佳選擇。貓咪的魔力可是難以抵擋的。

同樣的，對於年長者，養寵物也可以減輕社會孤立感。透過遛狗或是陪寵物打預防針、上美容院、看獸醫，增加與其他人交流互動的機會，減少無聊的時光。獨居的長者，平日生活有寵物陪伴，甚至晚上有寵物陪伴入眠，也可以減少孤獨感。

養寵物的注意事項

不論長輩先前有沒有養過寵物，或是步入老年後才又重新考慮的人，在決定認養

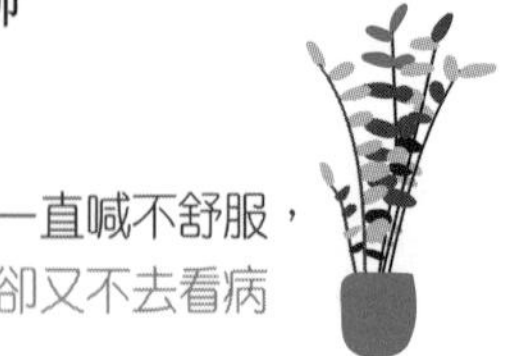

寵物之前，還是有需要注意的地方。

一、最重要的是安全性的評估

評估這件事對長輩可能產生的風險，同時也評估對寵物可能產生的風險。首先是長輩的體力是否能負荷，畢竟大型寵物的力氣不小。過去有許多前例，都是為了追趕精力旺盛的寵物，最後長輩因此跌倒骨折的案例。

我也有長輩朋友，在例行遛狗散步的過程中，因為狗受到突然的噪音驚嚇，拔腿狂奔，將長輩連人帶繩，拖行了數十公尺，造成長輩大面積的擦傷。

年長的人最怕的就是跌倒。跌倒不僅會造成骨折，受傷後的活動量降低，也會增加其他疾病併發的機會。

長輩飼養的寵物一定要慎選。體力較差或是身形瘦小的長輩，不建議飼養精力旺盛的大型犬，可考慮小型犬或貓咪，或其他比較靜態的寵物。

二、長輩的認知功能是否適合飼養寵物

這部分，除了因為能力不足，反而造成寵物照顧不良，時常生病，徒增困擾之外。**更重要的是，長輩若是飼養方式的判斷失當，或是反應能力不佳，可能會發生被寵物咬傷的事情，不可不慎。**

舉例來說，即使是已經被人類豢養許久的寵物，都還是保有某種程度的天然野性，倘若餵牠食物，卻又突然伸手靠近，可能會激起寵物的攻擊性，導致受傷。

也曾有過長輩失智症逐漸退化後，每每忘了餵食寵物，或是重複餵食寵物，或是餵食寵物不恰當的食物，導致寵物生病或死亡的例子。

三、長輩是否有其他不適宜飼養寵物的疾病

例如對寵物的毛髮過敏，或是患有嚴重異位性皮膚炎等，**建議在飼養寵物之前，先檢查一下相關的過敏原，作為決定的參考。**

有個爺爺來看我，之後回診時，我發現他臉部及脖子部位全是紅疹。我擔心是藥

物過敏，立即告知他停止服用藥物。

一旁的子女才接話說，他們已經帶老人家去看過皮膚科。原來是因為孫子特地帶了自己養的大型犬來看爺爺。黃金獵犬非常熱情，對著爺爺又親又舔，才惹了禍。

四、最後要考慮後援部隊

別把寵物的照顧責任全丟給長輩。要想一想，倘若老人家生病、住院，寵物有沒有人能接手幫忙。

漸進飼養

許多專家建議，可以採取「漸進式」飼養法。讓原本沒有養寵物習慣的長輩，漸漸地認為家中有寵物，也不錯。

可以由子女或孫子女，透過領養狗狗或是貓咪的方式，帶回家中給爸媽，甚至是阿公、阿嬤，讓他們常看到寵物，等被當作家中的一分子後，再鼓勵家中長輩接手飼養，這其實是一個不錯的方法。

讓長輩飼養寵物之前，也要了解長輩的個性及好惡。有些人對於寵物非常懼怕，或是不願意面對寵物帶來的生離死別，千萬別一廂情願地硬塞一隻寵物給老人家。自認為對他們好，說不定反而造成他們的負擔。

飼養寵物比較適合常常「窩」在家的長輩，因為有個能驅使他們走出去，強身健體的理由，並增強心理的慰藉，但若是種種因素沒辦法配合，也不要勉強。找尋最合適長輩的方式，才是最佳的選擇。

寵物治療來幫忙

如果家裡無法養寵物，也可以透過專業的寵物治療，來獲得這樣的好處。

在醫學上，由國外開始推動，運用寵物來協助治療已經有多年的歷史。基本的原理是藉著長輩與寵物間的互動，促進心理健康，再進一步改善身體健康或生活品質。

寵物治療於失智症個案照護的研究發現，**狗輔助治療對安養院的失智症個案有幫助。最常被提到的益處，是增加失智者的社交活動，下降失智者的激躁的行為、減少壓**

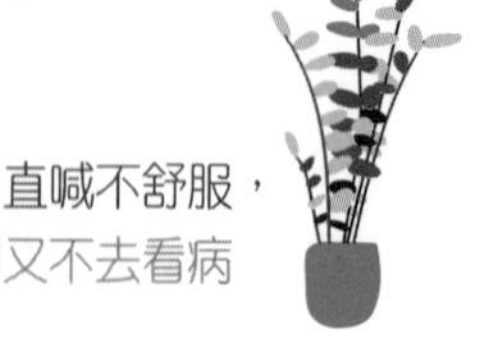

力憂鬱、提升失智者的整體功能，甚至改善進食的狀況。

在台灣，這也是最常見的寵物治療應用的族群。通常由機構或日照中心安排，寵物會定期或不定期造訪該場所，進行動物輔助活動。讓失智者與寵物在安全與愉快的情境下，產生自發性的互動。大多時候，是安排一些帶有互動及認知刺激的娛樂活動。

帶領者有時會先讓寵物表演經過訓練的口令動作，例如跳圈圈、推球等，帶給長輩歡樂，暖場破冰，接著和長輩進行近距離的互動，接受長輩們的撫摸、按摩、梳毛。

更進階的是，寵物透過編排過的活動，「引誘」長輩活動身體，活動大腦，例如請長輩們把膝蓋打直，抬起腳，然後狗兒一一跳躍，不但能贏得長輩們的熱烈鼓掌叫好，不知不覺中，也促使他們的肢體有活動。

電子寵物新登場

雖然寵物對人有這麼多的好處，但還是有人受限於主、客觀因素，無法飼養真實的寵物，也沒辦法方便地獲得寵物治療。

早年的安養院都會購買設計給兒童的嬰兒玩偶，讓長輩有種懷抱嬰兒的安慰感。有的長輩會哄玩偶睡覺，或是做出餵食的舉動。但嬰兒玩偶的互動性不足，也被某些長輩認為太過幼稚。**近來許多發明者利用科技的進步，創造出能互動的電子寵物，來達成寵物治療的目的。**

電子寵物不需複雜的照顧，也不用擔心牠生病、死亡。近來較有名的產品之一，就是日本製造的療癒電子寵物白色小海豹Paro。

牠有著白色毛茸茸的造型，給人溫暖的感覺。撫摸起來非常舒服，操作上也非常簡易，只要透過觸摸與對話，就可以和Paro產生互動。

當長輩透過撫摸及對話，與Paro互動時，牠會發出類似「好」、「會」及「嗯」的聲音，聽起來可愛又療癒。paro也會辨認人，體積大小適合讓老人家帶出門，進行散步，或與其他人交流。

在不久的將來，電子寵物的技術應該會更加推陳出新，也可能會有不同的物種可以選擇，或許會加入更多的銀髮照護功能，如監測長輩安全、提醒服藥等技術，因為科技始終來自於人性。

銀髮好朋友在哪裡？

「坐遊輪好像很好玩……」老媽滑著平板，看到遊輪旅遊的廣告，她有些心動。

「妳以前沒坐過，可以去試試啊。」清美語帶鼓勵。她認為老媽願意出門旅遊是好事，可以多看看風景，多走動走動。

「唉，可是一個人去有點無聊，真希望有人陪我去。」老爸走了十多年，沒有老伴相陪，媽媽覺得寂寞。

「抱歉，我那個時間沒辦法請假。」清美不巧正忙於大型企劃案，現在正好是最後衝刺階段，公司祭出禁修令。

「這我知道。不然就等明年再看看吧。」老媽關掉平板。

「要不要試試邀美玉阿姨？」清美靈光一閃，想到母親的高中閨密同學。只能希望阿姨有空閒，也有興致了。

很多人為了退休生活都會認為要先預備好金錢，但卻忽略了老年生活要先找好老伴。

據報導，美國密西根大學曾追蹤研究百名退休族多年後的生活狀況。其中對生活最感滿意的退休族，比起那些對退休生活感覺到不滿意的，朋友數目較高，約為十五名左右。

研究人員因此得到一個重要結論：**團體和情感方面的支援，是左右退休快樂與否的重要因素，影響程度更勝於金錢。**

有很多親近的朋友、家人、鄰居，加上認識更多不同領域的人，例如牧師、藝術家、槌球愛好者、慢跑團、早泳社等。這些領域原本自己很陌生，但卻帶來新鮮感。

只要參加有意義的組織，就可以擴大生活圈，享受精采的老年生活。

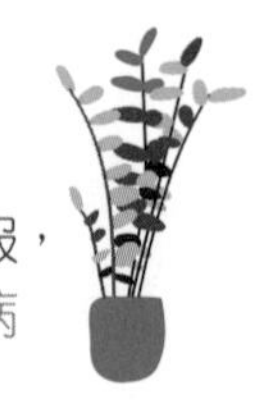

配偶不一定就是好老伴

一般人常認為，老伴，老伴，就是老了一起作伴，但根據許多社會現象的分析，這個想法說不定是個迷思，與事實相去甚遠。

配偶不見得是最好的人生伴侶，老伴不是只有「另外一半」，一旦把全部的指望都放在配偶身上，期待對方「完全照自己的意思」陪伴度過晚年生活，可能是過度理想化的想法，也把老年生命的可能窄化了，這反而對彼此形成沉重的壓力。更別說，萬一其中一方先走了，留下的一方，恐怕不知如何承受。

所以，如果一廂情願把配偶當成理想的老伴，恐怕會失望。很多性格不相投的夫妻，越老越不肯妥協。貌合神離，相敬如冰，退休後分床、分房、分居、分手的例子，比比皆是。

因此，**這裡指的老伴，並不是指婚姻關係裡的配偶，而是泛指「老來一起作伴」的親朋好友。**有許多人不能把私密心事告訴配偶，卻能對好朋友暢所欲言。

風靡日本的吉澤久子女士在《一個人不老的生活方式》書裡，分享許多老年生活的觀念。

她雖然獨居，身邊卻圍繞著許多朋友，有不少人來探訪她。相對的，她也積極地接觸人群。她說：「只有朋友能夠為生活增加色彩。我有許許多多的朋友。與朋友接觸，可以受到刺激，讓人的精神和頭腦保持活力。人際關係也是一種財產，心理健康的泉源。只要擁有良好的人際關係，獨自一個人不見得會寂寞，生活同樣可以既充實又愉快。」

此會非彼會，快來跟個會

吉澤女士會和朋友交換食物，享受彼此口味不同的樂趣，也會和朋友一道去看各種電影或是舞蹈表演。她也和朋友們組成了讀書會，剛開始是邀請各種不同領域的專家來家裡講述專門學識，逐漸演變成有年輕人參加。有些人的年紀甚至比吉澤女士還小個三、四十歲。

讀書會事先定好諸如歷史或外國文化等主題，然後各自發表心得。每個月都有十多人來聚會。開完讀書會，緊接著就是聚餐時間。每次由不同人輪值，使用自家帶來

的食材，在聚會地點的廚房裡做飯。

吉澤女士表示，能夠和志同道合的夥伴一邊聊天，一邊吃飯，度過時光，真的很愉快。考量銀髮讀書會成員的年紀越來越大，也會視情況，偶爾請外燴，或是去買外帶的好吃便當。

除了讀書會，吉澤女士也參加許多不同類型的團體，例如「改善高齡社會的女性之會」，並在「高齡者或身障人士供餐的組織中」擔任理事。她抱持著希望貢獻所能的心情，加入團體，把想要傳達的理念傳達出去，同時藉著參加這些團體來服務他人。

現在有許多不同的社團，適合長輩參加。例如，銀髮族旅遊團興起，長輩們多了一起去旅行的選擇。**退休後，時間增多，但是體力可能不如從前，建議可以先從距離比較近的地區旅遊，或是時間比較短的一日遊開始**，輕鬆、無負擔地享受出門走走，有時還會有和朋友的朋友結為好友的樂趣。

有些長輩玩出心得來了，就會開始揪團，規劃喜愛的路線。

如果是愛好品嘗美食的長輩們，就不妨組成「銀髮老饕會」，一起搜尋適合老年人的健康美食，交流情報，或是相約前往那種必須多幾個人一起來，才能享受到多種菜色的大餐。

我時常鼓勵來看診的銀髮長輩，多多參與各式的活動。我發現社區中最受歡迎的節目，可能是「卡拉ＯＫ歌唱班」。有時聘請專業的老師來教導，學習丹田發聲等各種技巧，或是練習雙人對唱，增加趣味。

老年交友的祕訣：三不一要

祕訣一：要心態放開

朋友是一種無形的財富，有人說「沒有朋友的人，最貧窮」。許多人在成年期為了追求事業，忽略友誼，這通常是以男性居多。朋友不會從天上自動掉下來，也是需要用心經營，**建議越早開始認識人越好**。中年就可以開始考慮累積下一階段的人際資源，千萬不要隨緣。

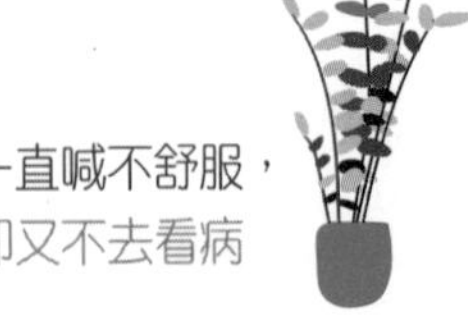

有許多長輩對於交友，顧慮太多。一會兒擔心自己沒有特殊嗜好、才藝，跟人聊天缺話題，又或擔心自己年華老去，不好看，甚至認為參加活動，是浪費金錢。在還沒有嘗試交友之前，就裹足不前。建議應該要用平時、開放的態度，嘗試認識朋友。

老年期所交的朋友，跟年輕時不同。並不強調一定要是能夠深交的知己，反而是**應該多培養清淡如水的君子之交**。彼此不過度依賴，不要造成太多內外在的負擔及罣礙，做一個銀髮好朋友。

祕訣二：不要設限

只要價值觀相同，無論幾歲都能做朋友。上了年紀之後，**找朋友的訣竅**，不在於身家、背景、性別，也並非年齡相仿，而是**在於是否有相近的價值觀，或是相近的喜好、興趣**。這樣的朋友，相處起來比較融洽。

這些相當重要。當人與人的價值觀相左時，相處起來，經常就會因為幾句話而發生衝突或誤會，例如使用金錢的觀念差異太大，或是政治立場不同。

當有事情需要找人商量時，我們通常會考慮找鄰近或熟悉的親朋好友談談。價值觀相同的人，提供的建議值得參考，但如果是價值觀不同的人，就會讓人感到困擾。**歐洲國家甚至推動青銀互助、青銀共居。**跨越世代與年齡的距離，只要理念相通，長輩與青年人來做彼此的好朋友。互相學習，互相幫助，創造新同居時代。

祕訣三：不要比較

雖然我常常鼓勵長輩多多參加各式各樣的社團活動，享受休閒嗜好帶來的快樂，不過也曾經遇過被長輩抱怨的情況。

潘奶奶一坐下來就開始抱怨，表示以後再也不要去參加讀經班了。

「怎麼了呢？」我問。

「您上次不是還告訴我，去參加讀經班之後，認識了很多好朋友。一起讀聖經，一起分享小點心，吃吃喝喝，又唱詩歌，非常快樂。」

奶奶只是搖頭，不肯告訴我到底發生了什麼事。

在旁陪伴的女兒忍不住對我洩漏了真正的原因。

她說：「原本都好好的。每個禮拜去，也都很開心，甚至時間還沒到，就開心地

準備待會兒要穿的衣服，催促我趕快開車接送她。沒想到前幾個禮拜，讀經班的班長一時興起，發起了一個活動，要來比賽背經節，說是鼓勵性質，只要有參加，就有獎品。背得越多，獎品越多。還熱心地自掏腰包，說要發給前三名的得主紅包。」

原本是想要炒熱氣氛的活動，但沒想到班主任這麼一說，奶奶回家後，就表示下次不去了。

女兒旁敲側擊才發現，奶奶很在乎自己的表現。奶奶認為自己現在的記憶力不好，可是說到年紀，在班上又不是最老的。奶奶又認為自己是讀過大學的，萬一表現比別人差，實在是太沒面子了。

不管女兒怎麼安慰、勸說，老奶奶就是不肯去。

不要以為長輩上了年紀，就會沒有得失心。相反的，團體互動的挫折感，會成為他們繼續參與的阻礙。建議團體的倡導者，要有智慧地避免這種情形發生。

祕訣四：不要說教

黃爺爺是個攝影高手，退休之後，也參加了攝影同好會。平日會分享彼此拍攝的美照，互相指導拍照的技術，甚至相約到著名的風景地點，拍攝照片。

有次，同好會中的某人生日，邀約黃爺爺參加難得的慶生宴會。黃爺爺很看重，把多年前訂做的整套黑色西裝熨燙整齊，還準備了禮物，高高興興地赴會，豈知到了現場，另一名同好會成員，居然當眾指責黃爺爺，不該穿得全身黑，說是不吉利、不喜氣。

黃爺爺氣極了，不願意再見到那位仁兄，也氣到不再參加攝影聚會。

朋友圈裡，的確也有這樣的人，不會去想到別人可能有不同的感受，總是愛七嘴八舌，評論別人。後來，大家也都沒有和那個人來往了。

要當銀髮好朋友，記得戒為人師。這樣人氣必定上升，處處受歡迎。

如何當志工，累積自己的「時間銀行」？

「蔡大夫，好久不見。」走在路上，一位滿頭銀髮的女士，活力十足地向我揮手。

「呃，請問妳是……」這下尷尬了，我一時間想不起來對方是誰。

「我是月嬌啊，以前在○○科上班啊，現在退休了。」原來是之前任職不同部門的技術員。

「很高興遇見妳，抱歉，沒馬上認出來。您看起來更年輕、更有精神了。」月嬌婕穿著牛仔褲，搭配舒適的Polo衫，外面再套上顏色明亮的背心，跟以前穿著白色長袍制服的樣子相差太遠。

「是啊，我退休之後，就跟同學一起參加長青聯誼社。剛好朋友們在揪團當捐血宣導的志工，內容跟醫院工作有點像，但是簡單多了，大家知道我以前在醫院上班，就推我當主揪。」

月嬌婕神采飛揚地解說來龍去脈，開心地分享她們今天「業績不錯」，有許多人挽袖捐出熱血。

印象中，月嬌婕的丈夫早逝，膝下只有一個獨生女，已經嫁到國外去了。她快退休前，還有點擔心，離開繁忙卻熱鬧滾滾的醫院工作，不知道會不會適應不良。看來她已經為自己規劃了不少活動，享受助人為樂的退休生活。

參與志工的諸多好處

除了參加社團活動，我也很常鼓勵長輩可以參與志願服務的工作，來豐富退休或是年老後的人生。

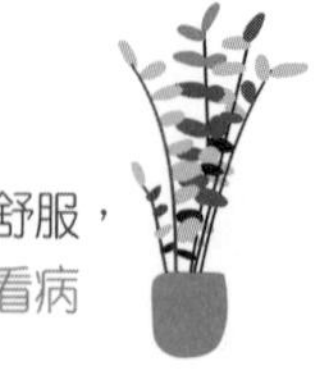

志願服務指的是個人出於自由意志，運用一己的知識、體能、勞力、經驗、技術、時間等來貢獻社會，且不以獲取報酬為目的，對社會提出有益的志願服務的人，常簡稱為志工。

參與志願服務工作有非常多的好處。

一、可以**增加生活的滿足感**。

二、多數的志願服務工作都是群體服務，所以能認識許多志同道合的朋友，**擴展生活圈**。

三、透過志願服務工作，接觸到更多人，**能增強與社會的連結**，**對相關的社群產生的歸屬感**。

四、**發揮自己原有的專長**，分享自己的職場或人生經驗。即使退休了，也能對社會有貢獻。

五、在服務的過程中，會接受相關訓練，**有機會學習到新知識**，**不會和外界脫節**。

雖然志願工作定義是沒有強迫性，也不求立即的回報，目的主要是在幫助他人，但是**志願服務的內容，還是需考慮安全與適任性**。

志願服務工作的種類繁多，有的是應用專業知識，有的只需運用社會經驗，更多的志願服務工作，只需要有愛心體力與時間，就能貢獻心力。

招募志願服務工作者的專業單位，通常會先釐清被服務者的需要。他們會設計適當的服務目標與內容，評估志工所需的服務技能，及服務所需的時間，最後歸納出招募志工的條件與注意事項。

高品質的招募單位會注重志工服務倫理，內容包含佩戴證件，尊重受服務者之權利，注重隱私保密等，也會擬定出志工職責清單，或編寫工作說明。

即使是好處多多，但還是有些人因為對志願服務工作有些誤解，而對參與其中，產生猶豫。

最常見的原因：

一、是對自己的能力缺乏信心，認為自己會的東西沒什麼。

二、認為自己的身體機能衰退，不足以幫助他人。

三、對於接觸陌生人群有些畏懼，擔心自己無法融入，或是覺得不好意思。

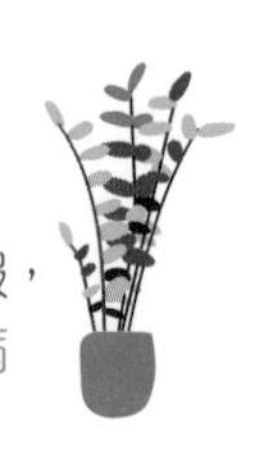

方法一：可以先從醫院、教會開始

對於中老年人來說，如果要嘗試參與志願服務工作，我會建議嘗試先到醫院、教會，或是原本任職（或曾長期前往）的地點，較為合適。

我因為在醫院工作，對於醫院志工有較多的接觸，便以此做個例子來介紹。

在醫院裡做志工服務，有許多優點，首先是醫院多半有專業行政單位在組織志工，能提供完整的教育訓練課程，例如心肺復甦術，如何使用自動心臟去顫器等等。**不只是能擴大交友圈，還能學習不少醫學保健知識。**

再者，醫院是一個很注重品質的環境，無菌概念、防跌概念、保全概念都是嚴格要求，相對的，也就是一個很安全的服務環境。醫院裡，為了服務病患，必定設置有電梯、手扶梯、恆溫空調，就連廁所的數目都比其他場所來得高，對於銀髮族志工來說，是非常友善的環境。

在服務病患的過程中，能讓志工產生助人的快樂，也能體會到各種病狀的表現，**讓他們對於疾病有更深入的認識，也會比別人更加注重自己的健康。**這一局，真真實實，是多贏。

方法二：「今天我挺你，明天他挺我。」以時間換時間，為自己存老本

為了將來的老後生活，退休金能預先規劃，照護保險能提前買，但年輕的時候，也能為自己把時間先預存下來嗎？

在國際間盛行許久的「時間銀行」，正是這種想法的實現。**鼓勵大眾趁著健康時加入志工，預存時數，未來一旦需要照護，就能從存摺提領時數，折讓為照護服務，由他人為你服務。**

這套「時間銀行」制度興起於一九八〇年代的美國，最初是出自美國法學家艾德加（Edgar S. Cahn）之手。一場心臟病，促使他開始思考。

艾德加認為每個人的時間、服務都是有價的貨幣，並可以進行交換，因而提出時間銀行概念，而後擴至全球。全世界已有超過一千多個時間銀行組織，包括瑞士、荷蘭、日本，都設有類似的運作機制。

在台灣，民間單位和政府部門也相繼成立「時間銀行」。這種概念是用自己的勞務或知識，提供他人解答或幫助，來換取自己需要的服務，是一種非經濟交換方式的

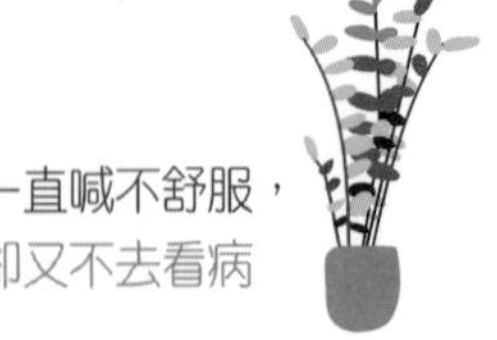

交易。

幫助別人、為人付出得到的回饋與尊重，可以讓志工覺得被需要，增強存在感。以美國華盛頓特區等幾個大城興起的「時間幣」，以及日本的「照護門票」，都是運用相似精神設立的產物。

台灣的「時間銀行」，弘道老人福利基金會所創

在台灣，「弘道老人福利基金會」自一九九五年起在全國各地積極推動，他們鼓勵民眾一起服務老人，並為自己儲存「時間貨幣」，成為國內第一個開始推動的單位。

目前名稱為「全國互助連線」，源自於上述歐美日等國的「時間貨幣」、「時間銀行」等觀念，並融合在地習慣與觀念，延伸發展而來的「互助」方案。鼓勵一般大眾投入志工服務，為老後預做準備。

時間銀行可提供的服務型態，有關懷類的：到宅關懷訪視，鼓勵參與社區據點，機構訪視，住院探訪。**或是慶祝類的：**慶生會辦理，協助寄送年節感謝卡，協助辦理各

種紀念日。**或是圓夢類的**：行動不便者的輕旅行，陪伴探訪老友，舊地重遊。**還有簡易修繕類的**：安裝扶手，浴室防滑，安裝防災警報器等等。

施行十多年後，基金會發現累計儲存的時數者多，提領者少，因此自二〇〇六年起，改在社區照顧關懷據點，進行「時間貨幣——互助券」，以團體方式進行，鼓勵參與者互助。

基金會更於二〇一〇年成立「全國互助連線中心」，以系統組織方式，逐步在全國佈點，鼓勵有意願擔任志工者加入，年齡則放寬，不限定六十五歲以上。

為了讓參與志工更認識「時間銀行」，弘道老人福利基金會把可換取的服務項目印成實體提領券，例如一小時居家服務、十五分鐘清潔券等。

新北市的「佈老時間銀行」

除了民間單位，新北市也在多年前開始推動「佈老時間銀行」，是台灣第一家公辦公營的時間銀行。

他們發現，社區中的獨居老人比例日漸升高，不只是弱勢群體，即使社經地位不

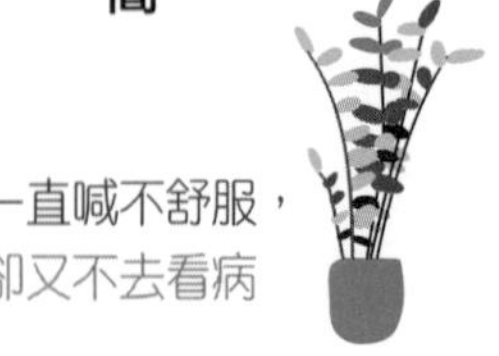

差的長輩，同樣也有獨居的情形。因此，希望透過佈老時間銀行的成立，鼓勵各年齡層的志工加入。

新北市政府的「佈老志工」（又名「佈老時間銀行」，高齡照顧存本專案）的計畫，用意是讓人在身強體健時，能儲存自己的善良存摺。以實際的行動，實現善的循環。實質上，能減輕家庭照顧壓力。鼓勵大家擔任佈老志工，建立共助、互助的平台。

佈老志工的服務時數可永續存取，為自己或親友儲存未來的照顧資源。幫助別人，也可以幫助自己。只要願意散佈愛心、關心照顧長輩，就可以報名參加。**對於報名者，會先安排接受十八小時的居家服務訓練，包括老人疾病預防、急救知識、老人社會法規宣導等培訓，以及八小時的上線實習。**

接著安排到獨居或邁向失能的老人家中，提供五項居家服務：陪伴散步、陪伴運動、陪伴購物、送餐服務及文書服務的志願服務人員。

佈老志工所累積服務的時數，將來可以三比一，兌換成專業的居家服務，或一比一的志工陪伴服務，讓志工們可以「存老本，顧未來」，形成良善的循環。

你以為你在幫助別人，其實是在幫助自己

我想佈老志工多半不只是為了想要現在多存點照護老本而來參與，而這也反映在「時數存得多，用得少」的現況上。

我寧可相信，這代表了曾經擔任佈老志工的朋友們，多數都還健康。因為古人說，施比受有福，這是他們的福分。

做過志工的人，多深刻感受到心靈上的滿足。因為能幫助別人，是一種很珍貴的恩典。雖然都是老年人，但佈老志工的平均年齡都高於被服務者。從服務獨居長輩過程中，可以學習到許多照護保健新知，有些人更能應用在與自家長輩的相處之道上。

透過學習與體驗，能真正明白老化所帶來的不便，並藉此做好自我的準備，替自己預習老後的生活，而這正是「初老幫熟老，預習以後好好老」。

很多志工最後會發現，這一段旅程「**好像我陪他，但其實他也陪我**」。被服務者獲得了你的幫忙，服務者也豐富了自己的生活，提升了成就感與幸福感，甚至在這一來一往間，弄懂了無常的真諦，領略了生死的道理。這正是「你以為你在幫助別人，其實是在幫助自己」的真實寫照。

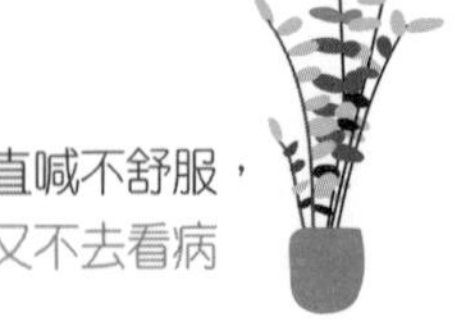

起得特別早，睡得特別少，是失眠嗎？

「阿伯，你今天來是什麼問題？」

「我沒病啦。我兒子堅持要帶我來看。」

「你哪裡沒問題了。醫生，我爸他半夜都不睡覺，一直走來走去，反覆去上廁所。原本我以為是攝護腺的毛病，但泌尿科也去看過了，檢查都沒問題。他之前有過一次半夜上廁所，結果跌倒、受傷。我們擔心他半夜起來沒人陪，會出事，所以只要他一起身，我們也跟著起來，搞得全家都睡不好。泌尿科醫生建議我們來看睡眠。」

「白天的情況如何呢？」我問。

「白天我都睡很飽……」阿伯不甘示弱地接話。

「我爸他白天都待在家裡，叫他出門也不肯。可能是晚上沒睡好，他白天坐著就一直打瞌睡，還會打呼。」

大約四成左右的老年人有睡眠障礙

隨著年紀增加，老年期的睡眠結構會有所改變，包括深度睡眠減少、睡眠中斷的次數增加，及總體睡眠時數減少，所以常見會有睡不好的抱怨。

根據台灣本土研究，針對社區老人的調查顯示，約有四成左右的老年人有睡眠障礙，但**大多數的長輩並未就醫**。

老年人的生理時鐘調節變差，更容易有睡眠障礙。一般人會誤認為老年人的睡眠時數理應較少，但其實老年人雖然晚上睡眠時數減少，在白天，卻經常小睡，因此以一整天來講，林林總總加起來的睡眠時數，並不會比年輕人少到哪裡去。

當老年人開始有睡眠問題後，影響的不只是他本人而已，最常見到的問題之一，就是生活作息和同住的家人出現差異。

長輩經常吃過晚飯後沒多久，就開始想睡，怎麼阻止都沒用，很早就睡著。接著，由於深層睡眠變少，常常半夜醒來上廁所，又或者是凌晨就醒過來，在家中閒蕩，摸東摸西，甚至想外出。但**這個時間，長輩可能尚未完全清醒，再加上光線昏暗，增加了跌倒、受傷的風險。**

生理時鐘開始出現調節失序的現象，於是在白天常覺得睡眠不足而精神不濟，便經常在日間打瞌睡，甚至躺在床上賴床，又因而減少了白天的活動量。

這種白天無效的休息方法，更進一步地惡化了生理時鐘的規律作息，最終形成日夜睡眠節律混亂。

同床的老年伴侶或是配偶受到最多的干擾，常常演變成另一個睡眠障礙者。同住的其他年輕家人，由於白天還需要工作，倘若睡眠因此而受打攪，實質影響更為顯著。

老年人睡眠障礙的原因

睡眠障礙，可能有許多不同原因，也可能是綜合的結果。除了腦神經系統的自然老化，許多生理、心理疾病也是造成睡眠障礙的元兇。專業醫師的挑戰之一，就是先找出可能造成睡眠障礙的種種原因，釐清狀況，再給予適當建議或對症做出有效的治療處置。

常見引起老年人睡眠障礙的原因有許多種，簡單介紹如下。

一、腦部本身的疾病

腦血管疾病（例如中風）、腦部受傷，或是腦部腫瘤的病患，可能會導致中樞性睡眠呼吸中止症。

失智症的個案因為腦部退化，影響到生理時鐘調節，也容易出現睡眠障礙，甚至出現一到傍晚便混亂，或夜間不眠等現象的日落症候群（sundowning syndrome）。

帕金森氏症或是路易氏體失智症個案，因疾病的影響，常出現睡眠期的肢體肌肉

抽動，或是出現說夢話、揮舞肢體等現象的快速動眼期睡眠障礙。

這類個案可能會將夢裡的情境，直接表現在真實環境當下，所以可能會打傷身旁的陪伴者，或是導致自己滾下床等。

二、情緒心理問題

睡眠障礙是憂鬱症或焦慮症的症狀之一。當長輩出現睡眠障礙時，不要忘了考慮是否有其他的情緒症狀，如心情低落、失去興趣、憂慮焦躁、思念親友等等。**治療情緒症狀才是此類個案的核心。**

三、內外科身體疾病

當身體有病痛不適時，也會影響到一個人的睡眠狀態，例如嚴重的呼吸道感染，病人可能因為不停咳嗽而干擾睡眠，也可能因為心臟衰竭，導致胸悶、喘氣，無法平躺，只能端坐呼吸，也難以入睡。泌尿道感染時，有時會出現頻尿現象，打斷夜間睡眠。慢性病如糖尿病會導致神經病變，引起肢體麻痛，胃食道逆流造成心灼熱症狀，慢性關節疼痛或是急性創傷疼痛等，都是會影響睡眠的因素。

而「不寧腿症候群」常見於洗腎或缺鐵性貧血的病人，這類病人在晚上睡覺時，腿會覺得不舒服、想要動一動，甚至一定要起床走走，才會比較舒服，因而造成晚上睡眠品質不佳。

四、生理結構性問題

許多長輩行動不便後，運動量減少，體重開始上升，容易出現阻塞型睡眠呼吸中止症。

鼻咽口腔方面的疾病，因為疾病或治療會改變相關部位的結構，也可能會出現睡眠呼吸中止症候群，進一步影響睡眠的品質與效率。

呼吸中止症常見的原因為呼吸道狹窄，所以睡覺時會發出鼾聲，會有短暫的呼吸停止，導致晚上睡不好，白天也常會感到疲勞、嗜睡。

五、藥物問題

有些治療內外科疾病的藥物，可能會影響腦部睡醒週期的調控，舉例來說，口服或注射類固醇、支氣管擴張劑，可能會引起失眠。抗帕金森氏症的藥物，也會干擾睡眠。

某些止痛藥或是神經痛藥物、癲癇藥物，可能會引起嗜睡作用。白天服用，容易昏睡。

六、不良生活習慣

與老年人睡眠障礙相關，最常見的不良生活習慣，其實是白天的活動量不足。除了體能性的運動不夠之外，整日待在家中，也缺乏腦部刺激的活動，讓長輩時常打瞌睡，而剩下的時間，就是等吃飯。

人的生理時鐘，需要靠著外界光線調節，以維持正常的日夜節律，因此白天盡量進行光照治療，有益身心健康。

除此之外，夜間飲用咖啡或是其他刺激性飲料，也是需要避免的。

人老了，不一定就會出現睡眠障礙

當長輩出現睡眠障礙，千萬不要視為這是正常的，不要以為老了，就一定會這樣，還是要鼓勵長輩，前往老年精神科門診、身心失眠門診或睡眠門診就醫。

治療睡眠障礙，首先要確定診斷，找出可矯正的原因。**有不少病患前來看診後，發現已經是輕度失智症了。**

鑑別診斷之後，若能找出可能改變的因素，像是改善原來的身體疾病、疼痛或情緒精神疾病。更換藥物，使用較不會造成失眠的藥物，對症處理，就能改善睡眠的問題。

另外，**要養成良好的睡眠衛生習慣**，包括有規律的作息、舒適的睡眠環境、養成白天運動習慣、臥室減少噪音及光線、減少刺激性物質（如菸、酒、咖啡）使用、減少白天躺床等。如果以上的方法都無法改善睡眠問題，再考慮使用藥物。

許多民眾會對於安眠鎮定類藥物的副作用和成癮性產生很大的恐慌，其實在經過醫師的評估和診斷後，可以適當使用相關藥物。

給予的藥物劑量或是處方，均盡量以造成最小的風險和成癮性為主要考量，若能配合醫師的其他睡眠衛教及規律門診追蹤，安眠鎮定類藥物的使用是相當安全和具有療效的。

但是，**要再三呼籲的是，千萬不要自行到他處購買藥物，或拿其他人的安眠藥物來服用。**避免因藥物選擇不適合，或是劑量過重，導致昏沉嗜睡、夢遊健忘等副作用。

安眠藥為管制類藥品，使用還是要遵從專科醫師的指示才安全。

慢性病（糖尿病、高血壓、心肌梗塞、癌症、腎臟病、關節炎、骨質疏鬆、高血脂等），如何自我管理與照護？

「醫生，我手上出現一塊瘀青，為什麼會這樣？」劉伯伯挽起袖子，露出紅紫色的黑青。

「你有撞到手嗎？有跌倒嗎？」我邊察看邊問。

「沒有啊，我平常都很注意。我確定沒有撞到。」劉伯伯堅定地說。

「你有在吃抗凝血劑嗎？」通常這是最常見的理由。

「那是什麼？應該沒有。」劉伯伯搖搖頭，否認自己有吃。

「我剛剛查了你的健保卡，你現在有在服用抗凝血劑哦。服用抗凝血劑可能會出現這種狀況，我建議你跟開藥給你的醫師反映、討論，看看是不是要調整藥量。」

此時，電腦連上雲端系統，我瀏覽了劉伯伯的藥歷，發現他規則使用抗凝血劑已有一段時日。

「我不記得我有吃。這是吃什麼的？」

但顯然劉伯伯並未清楚地認識自己使用的藥物，也沒去了解自己為何需要吃某種藥，更別說弄清楚藥物的作用與副作用了。

「這個藥會減少血液凝固的機會，通常是心血管疾病，或是中風的病人使用。」

雖然現在健保卡資料連線可以查看到某些資訊，但若不在同家醫院看診，釐清細節技術上有困難，確實讓臨床醫師苦惱。

上了年紀之後，多半的長輩都有大大小小的慢性病。如何照護這些慢性疾病是有方法的。除了靠醫療人員，最重要的是照顧者及病患本身的投入。

財團法人天主教失智老人社會福利基金會在數年前引進了「慢性病自我管理課程」（The Chronic Disease Self Management Program）。「慢性病自我管理課程」是由美國史丹佛大學病人教育研究中心製作，也是史丹佛大學與北加洲凱澤佩爾納醫療護理計畫合作研究的成果。

該研究隨機選擇一千多人進行，在比較參加課程及未參加課程者後，發現前者在健康行為（包括運動、運用思想處理狀況、應付問題、與醫生溝通等），及個人健康狀況（包括自我評估健康、疲勞、殘疾狀況、社交活動及健康帶來的困擾等）都有改善。這套課程自一九九一年開始推廣，至今已經有幾十年的歷史。

我曾參與翻譯這個方法的操作手冊《活出健康——慢性病自我管理》（華騰文化）。以下以自我管理的精神，簡介慢性病照護的幾個重點，好讓照護長輩慢性病更順手。

方法一：協助父母遵守醫囑

在照顧長輩的慢性疾病時遇到的困擾之一，就是他們平常不遵守醫囑。

有時候，是因為長輩重聽或者是認知功能比較退化，沒辦法聽清楚或是記住醫師的交代，因此許多醫療院所針對常見的慢性病，製作衛教單張，可以協助傳達這些重要的訊息。

我建議在長輩針對某一疾病初次就醫，或是前幾次回診的時候，盡量有其他的親友陪伴，共同聆聽醫療診斷、治療計畫，還有其他的注意事項。

返家後，可以：

1 透過張貼小字條，協助在藥品袋上用紅筆或麥克筆加以標示，或是標示在月曆上。

2 甚至是在服藥的時間點打電話、傳簡訊提醒用藥，協助提升長輩的遵從醫囑。

除了用藥或是提醒回診時間之外，在生活上，飲食的部分，也需要親友的共同幫助。

舉例來說，糖尿病的個案需要限制飲食。倘若與他們共同聚餐，建議不要點用含糖成分太高的飲食。

在提醒他們飲食控制時，也不要用責備的方式，怪他們不好好控制。可以用分享健康資訊的口吻，讓他們覺得食用這些對他有好處的餐點，是很潮、很流行的選擇。

方法二：協助父母了解自身的慢性病

大家時常關注病患的權利，但**對於身為慢性病患的義務**，卻不常提起。**這裡講的病人的義務，包含了將自己的病症告知醫療團隊，以協助診斷治療。**如下：

1 對自己所罹患的疾病，應該有基本的認識，包括病名、疾病的症狀，什麼時候症狀會比較輕微，又有什麼因素會加重病情。

2 現在的醫學針對這個疾病有哪些處置方法，又有什麼不一樣，疾病控制良好時，預後如何，這個疾病可以完全痊癒嗎？還是需要長期追蹤控制？當疾病控制不佳時，會有什麼可能的併發症呢？

這些，都需要我們去協助長輩了解。

方法三：協助父母認識藥物

慢性疾病多數都需要長期服用藥物來控制病情，而長輩又常常罹患不只一種慢性

疾病時，我常聽到長輩們抱怨說：「每天要吃一大把藥，光吃藥，就吃飽了。」

但這句話，也隱含了另外一個值得注意的問題。每天服用那麼多種藥物，長輩是否真的知道藥物的作用，以及是否知道需要注意的相關事項。

首先是服用的時間。有的藥物具有嗜睡的副作用，所以不適合白天吃。長輩知道哪些藥物不能夠空腹服用嗎？而哪些藥物又必須和食物一起服用？又或者是與某些食物一起服用，會產生交互作用……**例如許多心血管抗凝血藥物，都不建議與葡萄柚或是柚子類的食物一起吃**。有些藥物會註明服用後要大量飲水。

再來是服用的次數，有的藥物需要每日服用兩到三次，才能維持藥物的血中濃度；相反的，某些藥物是長效型，會緩慢在身體中溶解並釋放，所以只要一天服用一次。

有些藥物可以磨粉來使用，但是有些藥物卻是不可剝半或嚼碎，這樣會導致藥物崩解變快，或是無法通過胃酸的考驗。

很多時候醫師會開立需要時才服用的預備用藥，例如說開刀後每個人對於疼痛的感受不同，所需要服用的止痛藥物頻率或劑量也可能不一樣。醫師常常會開立每天三、四次不等的分量，然後囑咐病患需要時服用。

又或者像是罹患冠狀動脈心臟病的病患，醫師可能會準備緊急時使用的血管擴張劑。

之前大幅報導的熱門新聞，提到心臟病患服用俗稱「救心」的藥物，挽回一命，造成許多民眾誤解以為這是什麼仙丹妙藥，自行前往藥局，自費購買。

殊不知，倘若不是上述情形就隨意使用，這個藥物反而可能造成血壓突然下降，產生危險，後來相關的醫療團體趕緊出來呼籲，澄清視聽。

方法四：協助父母認識常見、常做的檢查

慢性疾病在平日追蹤的時候，會透過定時抽血或檢驗尿液、超音波、X光片、電腦斷層、核磁共振、眼底鏡等。

對於常見的、常做的檢查，我建議應該要有簡單的認識，例如，大約多久需要做一次追蹤，追蹤的項目是什麼？多久需要回來看報告，相關檢驗有什麼可能的不舒服或需要注意的事項。**例如照X光的時候，當天最好穿著輕鬆、沒有金屬成分的內衣，也最好事先移除項鍊，可以方便加速檢查的流程。**

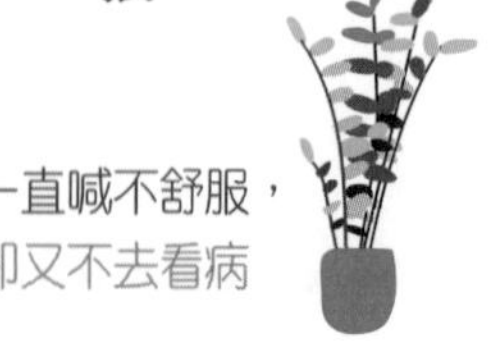

某些抽血項目需事先禁食、空腹達一定的時數。如果固定需要尿液檢驗，那麼可以事先多喝水，有利於採樣。影像檢查時，需要病患靜臥配合。

方法五：協助父母在日常生活中，好好控制慢性病

在日常生活上，除了使用藥物，還有什麼可以協助慢性病的控制，也需要多多了解。

例如，剛開過白內障手術的病患，醫師會建議他們戴上墨鏡，避免陽光中的紫外線造成傷害；但是**睡眠有障礙或是情緒低落、骨質疏鬆的長輩，我們卻會建議他們要多多出門，去曬曬太陽。**

對於洗腎的病友，醫師會建議他們要限制水分的攝取，但對於一般的長輩，我們會鼓勵他多喝水。

骨質疏鬆的個案，我們會鼓勵他們多活動，但是如果現在關節正在發炎、紅腫熱痛，那麼就應該先予以症狀控制，反而不要勉強活動，造成不舒服。

在飲食上，心血管疾病的長輩可以參考低鹽飲食。過度的鹽分攝取，血壓會上

升，所以高血壓的病患需要注意。

澱粉含量高或是含糖的食物，都不適合糖尿病患過度攝取。高蛋白飲食對於腎臟功能不佳的長輩，反而是一種負擔。骨質疏鬆的老人家，則是需要適當補充鈣質及維他命。

方法六：協助父母進行慢性病的風險管理

人的身體健康瞬息萬變，慢性病也有急性發作的風險，因此對於所罹患的慢性疾病，應當學習、了解可能會產生的緊急情況，以及該如何應對。

舉例來說，糖尿病患血糖突然降低，可能會出現冒冷汗、頭暈，甚至失去意識。當此情形發生時，若症狀輕微，可以先嘗試給予病患口含方糖，或在沒有嗆到的前提下，飲用含糖飲料。

當長輩血壓增高的時候，有可能會出現頭暈、頭脹、痛等不舒服的現象。手邊若有備用藥的時候，可服用，並坐下或者躺臥休息。

心肌梗塞發作的時候，可能會有胸痛、胸悶、冒冷汗，甚至是背部疼痛的現象，

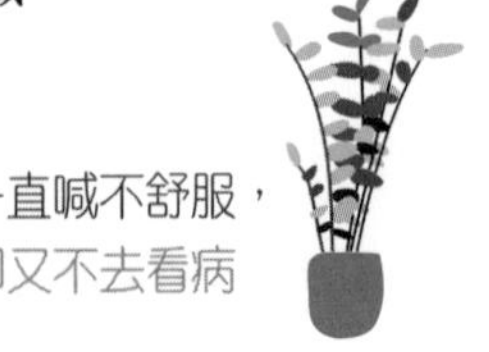

應立即撥打一一九，盡速送醫。

對於自身所罹患的慢性疾病，要了解何時需要送醫，何時需要急診，在等待救援抵達之前，是否有哪些步驟是可以在居家先進行初步處置的。

方法七：協助父母照顧自己的心靈

慢性病照顧裡最常被忽略的，其實是心理健康。

想想看，每天都需要注射血糖藥物，有時會讓人覺得很厭煩。每天都需要接受腎臟病腹膜透析，會覺得自己的生活受到限制，行動不那麼自由。而覺得情緒低落，罹患心臟病的長輩，會時常處於一種自己不知道什麼時候會發作，萬一發作的時候，旁邊沒有人怎麼辦的緊張恐慌、沒有安全感的狀態。

慢性關節炎的病患，則是受到疼痛的影響，睡眠容易被干擾。情緒低落與身體健康是雙向的關係，彼此會互相影響。

當我們情緒平穩，想法樂觀，即便是罹患有某些慢性疾病，也能維持身體的健康與功能，但若我們時常處於憂慮之中，那麼情緒壓力就會透過體內免疫系統、自律神經系統來影響身體的平衡，導致心跳節律變化、新陳代謝變化、上升胰島素阻抗、上升發炎物質增加等現象，惡化了原有的健康問題。

相反的，許多原本沒有情緒障礙的長輩，多半是在跌倒骨折、罹患身體重大疾病之後，才開始出現焦慮、憂鬱、胃口不佳、不想出門、體力不佳，甚至是有尋死的念頭。**身體影響心理；心理也影響身體。**

有些朋友會問，**那麼我們要先處理哪一個呢？其實任何一個面向都可以。最重要的是打破這個不好的循環。**

倘若疼痛，我們就應該把疼痛控制好，這樣長輩的情緒也會改善。當情緒改善之後，人對於疼痛的敏感度也會跟著下降，感覺也就更不痛了。

倘若睡眠出現障礙，心情非常焦慮，那麼我們就試著減輕焦慮現象，把睡眠改善。

我想有不少人都曾經有這樣的經驗，當我們睡得好，心情放輕鬆，血壓自然就控制下來了，耳鳴也會減輕。

身體病痛一減輕，心情當然就會好起來，這便產生了一個正向的循環。

為了養生、健康，總是吃很少或很清淡，會不會營養不良？

「醫生，我們來看上次檢查的結果。」一楠應陪同母親回來複診。

老媽媽近來注意力渙散，胃口不振，整個人無精打采，老是嘆氣，不知得了憂鬱症，還是失智症。

針對初次就醫的長輩，即使主訴是情緒低落，為了鑑別診斷，還是會進行適當的抽血檢測。

「好的，一項一項來看一下。血球報告正常，沒有貧血。肝、腎功能也正常。電腦斷層看起來也都還好，沒有大腦萎縮，沒有中風，沒有長腦瘤……」

「哦，有一項是異常的。奶奶的血鈉很低，只有一百二十五。」

「醫生，那是什麼意思？」

「就是血中鈉的濃度偏低。鈉是電解質的一種，簡單來說就是電解質不平衡，我們稱做低血鈉。我認為，邱女士的症狀，可能是低血鈉引起的。」

臨床上有不少銀髮病患會以類似憂鬱或認知功能障礙的症狀來表現。

「醫生啊，為什麼會這樣？我平常都很小心注意。人家說不好的東西，我都不吃。」邱媽媽緊張地問。

「請問您平常吃東西口味怎麼樣？有加鹽嗎？」

我查看邱女士的病例，並沒有心肺疾病，也未服用利尿劑等會影響血中鈉鉀離子的藥物。再看看她的手腳，並沒有水腫的現象。

「鹽？不是說吃鹽會引起高血壓嗎？我吃東西都很清淡。我不加鹽的。」邱女士認真地回答。

「身體還是需要適當的電解質。太多不好，太少也會生病。我想您攝取的鹽分不足，導致了低血鈉。」

「媽，我就跟妳說，不能一點鹽都不加。」楠應在旁擔心地碎念。

「目前沒有危急的情況，不用太緊張。建議您在飲食中，每日要吃進六公克左右的鹽。我會再開一張抽血單，追蹤補充的情況。」

長輩對於飲食矯枉過正

不知從何時開始，許多長輩因為擔心會罹患三高或是其他慢性疾病，於是對於自己的飲食過度地限制，結果變得過於清淡。**例如，擔心會得糖尿病，而不敢吃水果**，因為認為水果很甜，都是糖。**怕痛風，所以不敢吃海鮮類。認為有心血管疾病或是擔心得了大腸癌，所以凡是紅肉都不吃**，還有就是**擔心膽固醇過高，所以不敢吃蛋**。

這些迷思所導致過度限制的飲食，反而可能會讓健康受損。長期飲食過於清淡，可能造成營養不均衡，體力衰弱。倘若原本就合併有特別的慢性疾病或是用藥，更可能造成電解質失衡的狀況。

現今社會，營養過剩的機會較多，因而多數專家會呼籲大家飲食清淡。結果長輩們一不小心就矯枉過正，加上各種網路謠言推波助瀾，從能吃就是福，走向少吃、少喝的極端。

體力較差的老年人的兩大營養問題

根據報導，在二〇一三至二〇一五年「台灣營養健康狀況調查」的結果發現，**體力較差的老年人，普遍存在有兩大營養問題，第一是吃得太少，熱量攝取不足；第二是飲食不均衡。**

攝取的多半是澱粉類，像是飯吃得多，牛奶等蛋白質來源喝得少，纖維及維生素來源的蔬果也是缺乏，連油脂都攝取偏低。

對於一般大眾來說，真正最健康的建議是均衡飲食。醫學上仍然不鼓勵重油、重鹹，或是大吃大喝。

依據衛福部公布的建議，成人每日的鈉總攝取量不宜超過兩千四百毫克（即六公克鹽，約一茶匙）。脂肪每日的建議攝取量上限，男性是七十公克，女性是五十五公克，飽和脂肪的每日建議攝取量上限，男性是二十三公克，女性是十八公克。因此，

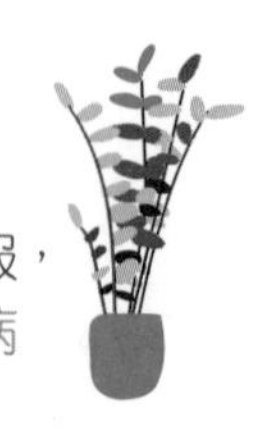

吃適量的油脂、每週至少兩次的魚類、多吃抗氧化物高的蔬果、吃低升糖指數的醣類，如全穀雜糧、全麥製品，以及遠離精製甜食等，都是有益身體的飲食方式。

推薦給老年人的三大飲食方法

在抗老化、抗三高，或是抗失智的飲食方面，過去的研究，是推薦地中海式飲食、得舒飲食或麥得飲食。雖然是三種不同的研究，但卻有異曲同工之處。

這三種知名的飲食型態，都是強調多攝取深綠色、不同顏色、抗氧化能力佳的蔬果。主食則優先選擇全穀雜糧類，部分油脂來源替換成橄欖油或是堅果類。蛋白質則優先選擇植物性蛋白質，其次是提供omega-3脂肪酸的魚類海鮮。因為這些食物都有助於預防血管性疾病，也有較多抗氧化物質，讓腦細胞比較健康，避免受到自由基的攻擊。

在過去的研究中，被認為對人體健康，尤其是腦與心血管幫助大。近年來，對於食物中膽固醇攝取的限制的研究討論非常熱烈，雖然這些報告有些異同，但總結來說，**並非是建議不要吃雞蛋或其他高膽固醇的食物，而是建議適量減少飲食中蛋或紅肉**

等高膽固醇的食物，來減少飲食中膽固醇的攝取量。

在食品的種類上，可以選擇吃蛋白，而非全蛋。倘若要吃全蛋，則需適量，每日一顆為宜。

有慢性疾病的長輩，這樣吃

針對原本就有慢性疾病或是特殊疾病的患者，則建議應該選擇合適的飲食，這部分比較複雜。舉例來說，為了控制血壓或是心臟疾病，長輩可能會服用利尿劑，這類藥物的機轉，是透過排掉體內的鈉來帶走水分。倘若老人家又不攝取鹽分，可能會導致低血鈉。

除此之外，某些癌症治療藥物、部分種類的抗憂鬱劑、抗癲癇用藥等，也可能會引起低血鈉。

鈉是人體內重要電解質之一，可維持人體水分的平衡，幫助神經肌肉運作。正常情況下，人體會自動調控水及鈉的平衡，使血漿鈉離子濃度維持在135-145mmol/l範圍內，但若是體內「水太多，鈉太少」，使得鈉離子濃度低於正常範圍，即稱為低血鈉。

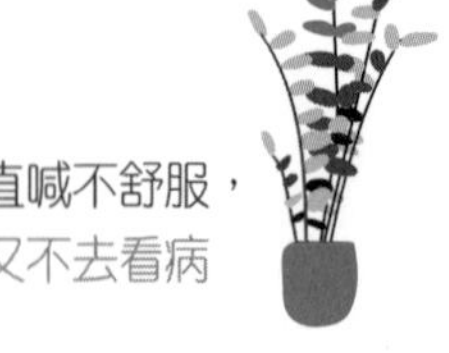

輕度的低血鈉沒有明顯症狀，中度的低血鈉則可能有倦怠、噁心、頭痛、嗜睡、全身無力等症狀。嚴重時，血漿鈉離子的濃度若快速降至120 mmol/l以下，則可能發生中樞神經系統的損害，出現抽筋、癲癇及意識昏迷、腦水腫、永久性腦損傷，甚至有死亡的風險。

若長輩吃全素，這樣吃

臨床上，另一個常見的現象，就是長輩因為文化習慣或是宗教信仰而選擇吃全素，或者是長期腸胃潰瘍服用制酸劑的個案，又或是腸胃曾接受過切除手術腸胃道吸收有困難的病患，就很容易形成維生素B群缺乏的現象。

維生素B_{12}是不可或缺的。對於人體細胞生長、紅血球形成、上皮細胞更新，以及神經系統的發展與維持，都扮演著非常重要的角色。

維生素B_{12}負責維持神經系統的健康，協助醣類、脂肪和蛋白質的能量轉換與利用，並與葉酸共同參與細胞分裂的工作，對於動物的生長有相當意義。

如果長期缺乏維生素B_{12}，輕則可能出現舌痛、體重減輕、背痛、肢體痠麻等症狀。嚴重的話，也容易造成神經系統病變，使認知能力下降，出現注意力不集中、記憶力不佳、思緒不清晰、沒有食欲、暴躁、抑鬱、倦怠等現象。

在失智特別門診中，當老年人主訴記憶力變差，不一定就是罹患阿茲海默失智症，也可能是因為缺乏維生素B12而引起，因此，初診的個案都會進行維生素濃度的檢測。

研究發現，當人體缺乏維生素B12時，容易造成血液中的同半胱胺酸濃度過高，而形成高同半胱胺酸血症，進而引發血管發炎、血管硬化、血管內壁損傷、形成血塊，增加中風、心肌梗塞、肺動脈栓塞等心血管疾病的風險。

在失智症的研究中，有學者認為這個機轉，也可能導致後續罹患失智症的風險增高。

除此之外，維生素B12在人體內參與造血的工作，是紅血球發育成熟的必要因子。缺乏維生素B12，會使紅血球無法成熟，進而導致惡性貧血，出現頭暈目眩、容易疲倦等現象。

由於維生素B12的主要來源為肉類、魚肉類、禽肉類、乳製品、蛋黃，以及動物性肝臟等食物，幾乎不存在於一般植物性食物中，因此，長期素食者必須特別注意維生素B12的攝取。營養師多建議可考慮方便素，也應多攝取藻類或酵母菌類食物。

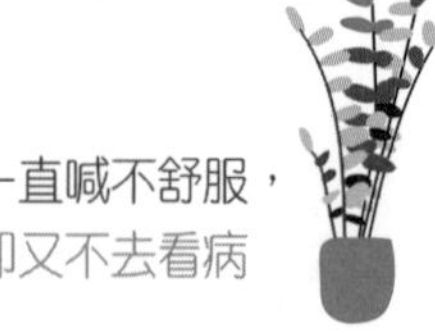

由於不同疾病或是藥物所搭配的飲食須知有所不同，尤其是三高及新陳代謝疾病的慢性患者，建議諮詢專科醫師、個案管理師或是營養師。

針對平日飲食該注意的事項進行了解，才能夠趨吉避凶，達成飲食均衡，健康加分的效果。

國家圖書館預行編目資料

一直喊不舒服，卻又不去看病：老年精神科醫師蔡佳芬教你照顧長輩，不心力交瘁／蔡佳芬著. ——初版. ——臺北市；寶瓶文化,2020.04
面； 公分, ——（Restart；18）
ISBN 978-986-406-185-3（平裝）
1. 老年心理學 2. 老人養護 3. 生活指導
173.5 109002718

Restart 018

一直喊不舒服，卻又不去看病

———老年精神科醫師蔡佳芬教你照顧長輩，不心力交瘁

作者／蔡佳芬（臺北榮總老年精神科主任）
副總編輯／張純玲

發行人／張寶琴
社長兼總編輯／朱亞君
資深編輯／丁慧瑋
編輯／林婕伃
美術主編／林慧雯
校對／張純玲・陳佩伶・劉素芬
營銷部主任／林歆婕　業務專員／林裕翔　企劃專員／李祉萱
財務主任／歐素琪
出版者／寶瓶文化事業股份有限公司
地址／台北市110信義區基隆路一段180號8樓
電話／(02) 27494988　傳真／(02) 27495072
郵政劃撥／19446403　寶瓶文化事業股份有限公司
印刷廠／世和印製企業有限公司
總經銷／大和書報圖書股份有限公司　電話／(02) 89902588
地址／新北市五股工業區五工五路2號　傳真／(02) 22997900
E-mail／aquarius@udngroup.com

法律顧問／理律法律事務所陳長文律師、蔣大中律師
如有破損或裝訂錯誤，請寄回本公司更換
著作完成日期／二〇二〇年一月
初版一刷日期／二〇二〇年四月
初版二刷日期／二〇二〇年四月八日
ISBN／978-986-406-185-3
定價／三六〇元

愛書人卡

感謝您熱心的為我們填寫，
對您的意見，我們會認真的加以參考，
希望寶瓶文化推出的每一本書，都能得到您的肯定與永遠的支持。

系列：restart 018　**書名：一直喊不舒服，卻又不去看病——老年精神科醫師蔡佳芬教你照顧長輩，不心力交瘁**

1. 姓名：＿＿＿＿＿＿＿＿　性別：□男　□女
2. 生日：＿＿年＿＿月＿＿日
3. 教育程度：□大學以上　□大學　□專科　□高中、高職　□高中職以下
4. 職業：＿＿＿＿＿＿＿
5. 聯絡地址：＿＿＿＿＿＿＿＿＿＿＿＿＿＿＿＿＿＿＿＿

   聯絡電話：＿＿＿＿＿＿＿＿　手機：＿＿＿＿＿＿＿＿
6. E-mail信箱：＿＿＿＿＿＿＿＿＿＿＿＿＿＿

   □同意　□不同意　免費獲得寶瓶文化叢書訊息
7. 購買日期：＿＿ 年 ＿＿ 月 ＿＿日
8. 您得知本書的管道：□報紙／雜誌　□電視／電台　□親友介紹　□逛書店　□網路

   □傳單／海報　□廣告　□其他
9. 您在哪裡買到本書：□書店，店名＿＿＿＿＿　□劃撥　□現場活動　□贈書

   □網路購書，網站名稱：＿＿＿＿＿＿　□其他＿＿＿＿＿
10. 對本書的建議：（請填代號　1. 滿意　2. 尚可　3. 再改進，請提供意見）

    內容：＿＿＿＿＿＿＿＿＿＿＿

    封面：＿＿＿＿＿＿＿＿＿＿＿

    編排：＿＿＿＿＿＿＿＿＿＿＿

    其他：＿＿＿＿＿＿＿＿＿＿＿

    綜合意見：＿＿＿＿＿＿＿＿＿＿＿＿＿＿＿＿＿＿＿＿＿＿＿
11. 希望我們未來出版哪一類的書籍：＿＿＿＿＿＿＿＿＿＿＿＿＿＿＿

讓文字與書寫的聲音大鳴大放

寶瓶文化事業股份有限公司

（請沿此虛線剪下）

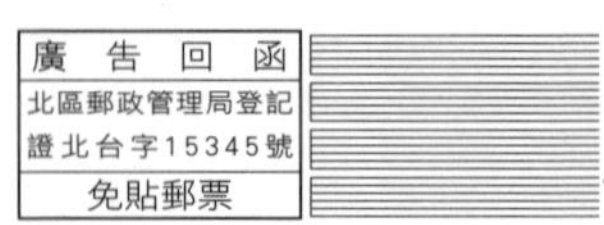

寶瓶文化事業股份有限公司收
110台北市信義區基隆路一段180號8樓
8F,180 KEELUNG RD.,SEC.1,
TAIPEI.(110)TAIWAN R.O.C.

（請沿虛線對折後寄回，或傳真至02-27495072。謝謝）